TENEMOS QUE HABLAR

TENEMOS QUE HABLAR

Elizabeth G. Iborra y Bruno Valente

1.ª edición: noviembre, 2017

© 2017, Elizabeth G. Iborra y Bruno Valente
© 2017, Sipan Barcelona Network S.L.
    Travessera de Gràcia, 47-49. 08021 Barcelona
    Sipan Barcelona Network S.L. es una empresa
    del grupo Penguin Random House Grupo Editorial, S. A. U.

Printed in Spain
ISBN: 978-84-1700-117-9
DL B 18689-2017

Impreso por LIMPERGRAF

Introducción

Hombres y mujeres hablamos el mismo idioma, pero a menudo no lo parece. Especialmente cuando se trata de relaciones: la manera de aproximarnos, las formas de conocernos o de ignorarnos están llenas de matices que complican la comunicación entre géneros. Este libro es un traductor, un manual que responde a una pregunta que todos nos hemos hecho alguna vez: ¿Qué ha querido decir con eso?

Los autores somos amigos desde hace unos quince años y siempre nos hemos contado el uno al otro nuestras historias sentimentales, nuestras dudas: hemos sido la persona a recurrir cada vez que necesitábamos interpretar la intención oculta tras las palabras o los actos del objeto de nuestros desvelos.

Y a la vista de que todo el mundo a nuestro alrededor parece vivir en la misma duda, de que muchos de nuestros amigos y amigas nos pedían consejo, decidimos ampliar el campo de estudio y tratar de responder las preguntas más habituales en lo que a relaciones se trata. Y es que, aun cuando nos parece que nuestra relación de pareja es muy especial, al final todos solemos deambular por el mismo camino y acostumbramos a tropezar con la misma piedra, o parecida.

El caso es que, con la generosidad que nos caracteriza, queremos dejar un legado para la posteridad cumpliendo la función social de salvar a la especie de la extinción. Sí, porque observamos una creciente tendencia a aislarse, a meternos en nuestros castillos para protegernos del otro género, porque los desencuentros y las decepciones nos superan y nos dejan sin entender qué narices ha pasado, cómo lo que parecía química de la buena se ha podido convertir en un cóctel molotov que nos ha explotado en la cara.

Partimos de que la sensación que tenemos todas las personas al no saber cómo actuar ni cómo acertar, al no entender nada, al no rozar siquiera la intimidad del otro, al sentir que solo hemos sido una medallita más, que hemos sido engullidos como *fast food* a cambio de un poco de sexo, si acaso, nos genera una frustración que solo se disipa si logramos que el corazón comprenda las razones ajenas.

Y como muchas veces el sujeto con el que sufrimos ese desencuentro no quiere o no puede explicar por qué ha actuado de determinada manera, aquí estamos nosotros para dar unas cuantas pistas, que, quizá, puedan facilitar la comunicación o, al menos, procurar cierta paz mental.

Lo que hemos hecho en este traductor es recopilar

todas las frases y situaciones típicas que todos hemos vivido —desde que deseamos conocer a esa persona hasta que la historia se acaba, pasando por la complicadísima convivencia y los complejos físicos, los celos y otro tipo de vicisitudes humanas—, y explicar qué significan a través de las consultas reales y muy comunes que hemos recibido por diferentes vías.

De modo que nos basamos en un consultorio en el que el autor responde a las dudas de las mujeres para que entiendan qué hay detrás de la conducta del hombre, y la autora contesta a los hombres para que, de una vez por todas, comprendan a las mujeres.

Además, consideramos que este libro es muy necesario porque la anterior y principal referencia en este campo, el superventas *Los hombres son de Marte y las mujeres de Venus*, de John Gray, se ha quedado obsoleta para las generaciones actuales, que hemos sido educadas para formarnos como personas completas y no como mitades destinadas a complementarse. Basta abrir sus páginas para descubrir que muchas de esas situaciones y consejos conservan una concepción de hombres y mujeres estereotipada y casi ofensiva. Sin quitarle cierta parte de razón en la esencia de nuestra biología, la mayoría de las mujeres no somos manipuladoras melodramáticas ni los hombres simios incapaces de escuchar y obsesionados con el sexo.

Por otro lado, nuestro compendio recoge problemas en los que cualquiera puede verse reflejado sin importar su edad o su situación de pareja. Haz la prueba: abre una página al azar y lee la pregunta que aparezca: seguro que te suena familiar, puede que demasiado. Nuestra idea es ayudarte a entender a los demás sin perder la sonrisa, a que te entiendas tú, a animarte a reflexionar sobre eso tan sencillo y a la vez tan complejo como es tener pareja. Y a mantenerla sin perderte en el trayecto. O para aprender a disfrutar la soledad. Porque la felicidad reside en saber elegir.

1

¿Quedamos?

Las primeras impresiones

Empecemos por lo básico: ¿cómo le entro a una chica en un bar o en un club? ¿Tiro de frase ingeniosa (tipo «¿te dolió el golpe cuando te caíste del cielo») o me presento y ya está? ¿Realmente son tan importantes las primeras impresiones para vosotras?

La primera impresión es fundamental. Somos animales, así que ya en un primer momento intuimos si con esa persona puede haber *feeling* o nos va a caer de pena, aunque nos podamos equivocar, por supuesto. Evidentemente, si nos entran con una frase original, propia e ingeniosa, sin exagerar tampoco, eso nos transmite que el hombre tiene cerebro y lo sabe usar, más allá de lo bueno que esté o lo atractivo que nos resulte. Suma puntos, sin duda.

Los resta el entrar como un gañán o como un chulito de discoteca, picándonos como modo de seducción propio de la psicología inversa tan infantiloide, tirando de tópicos manidos y de preguntas retóricas, o hablando de ti mismo en plan monólogo de comercial de enciclopedias.

Una frase original, presentarte y preguntar para interesarte por la mujer que tienes delante suele funcionar si a ella no le parece mal. Si no le interesas para nada, por los motivos que sea, o ella siente cero química por ti, lo notarás porque te contestará con monosílabos, cortante y distante. No te molestes en insistir, las mujeres solemos tener muy claro cuando un hombre nos atrae desde antes de que se acerque pensando que no le hemos fichado. Sentimos señales en los bajos.

¿Será tímido? Pero no idiota

Hay un compañero de trabajo que me gusta mucho. Nos llevamos muy bien, hablamos de otros temas que no tienen que ver con el curro y conectamos un montón en nuestros gustos y opiniones. Yo creo que se me nota que me gusta, porque se me cae la baba mientras le escucho, pero él no intenta nada, ni me propone quedar fuera de la oficina. ¿Puede que sea tímido?

Vamos a ver, sea tímido o no, el entorno laboral no es el mejor espacio para compartir confidencias románticas. Por los jefes, por los compañeros, por la presión de ser rechazado y luego tener que ver a esa persona todos los días. Además, ¿sabes si tiene pareja? ¿Sabe él que tú no la tienes? Piensa que, a la hora de leer las intenciones de las mujeres, la mayoría de los hombres somos más inútiles que un cenicero en una moto.

Mi consejo: dices que tenéis intereses comunes, aprovéchalos. Si viene a la ciudad un grupo que os gusta a los dos, proponle ir juntos a verlo. O al cine, al teatro, a una exposición o a clase de yoga o a correr un domingo por la mañana por el parque. La idea es poder veros a solas fuera del trabajo. Si él te suelta una excusa tipo «es que tengo finde, tengo mucho lío» y no sale de él proponer una alternativa, olvídate. No es que sea tímido, es que no le interesas. Pero, oye, siempre es mejor intentarlo que quedarse con la duda.

Lenguaje no verbal

A ver, explícame: si voy a una disco y miro a una chica y ella me devuelve la mirada, ¿qué otra señal tengo que esperar para saber que puedo entrarle? ¿Sonreírle y que me sonría? ¿Me acerco y le digo algo enseguida o me espero a que me vuelva a mirar?

Juega, juega mucho. La seducción es un arte que se practica muy poco en este país, tendríamos que bajar a Marruecos a observar cómo se cruza esa gente las miradas, que parecen dagas, para aprender de su arte. En cualquier lugar, en un pub, en el supermercado, en la cafetería debajo el curro, por la calle, en una terraza o un chiringuito, en el zapatero. Si te gusta una chica, mírala bien, haciéndole saber que la has visto. Si te corresponde, vuelve a mirarla, bebe y da una calada al cigarrillo, si fumas, mirándola. Si te corresponde, sigue mirándola, desvía la mirada y vuelve a mirarla a ver si la pillas buscándote con su mirada. Pon cara de pícaro, sonrisita de «me está gustando el juego este». Mira el móvil y levanta la mirada otra vez para mirarla desde otro ángulo. Sonríe abiertamente. Si te corresponde, te diriges a ella y le das tu móvil, el aparato. Y le sueltas algo del tipo: «No sé si pedirte que me apuntes tu número o darte mi móvil y quedarme para siempre contigo.» Se reirá, por lo menos. Es difícil que una mujer se resista a una entrada así.

¿Espero a ser mayor de edad?

Tengo 16 años y me gusta mucho un chico de mi barrio que es cuatro años mayor que yo y lleva a todas las chicas mayores detrás. Él se lía con todas pero no sale con ninguna. Y yo lo miro pero creo que ni siquiera ha reparado en mi existencia, me pongo supercolora cuando me cruzo con él y no soy capaz de articular palabra. ¿Qué hago, espero a ser mayor de edad o le pido a alguna amiga que le diga algo de mi parte?

Entiendo que te gustaría liarte con ese chico pero tienes miedo de que él te ignore porque eres más jovencita. Bueno, en primer lugar, pedirle a una amiga que hable por ti solo demuestra lo niña que aún eres (lo cual no tiene nada de malo, no entiendo esas prisas por crecer demasiado pronto). Y que creas que el chico en cuestión puede tener algún tipo de impedimento moral para enrollarse contigo porque eres menor revela un absoluto desconocimiento de los chicos. A ver, cómo te lo diría: de los 13 años a los 25 años (más o menos), la mayoría de tíos somos erecciones con patas. Si eres guapa y/o tienes buen cuerpo o, simplemente, muestras interés en él, es muy muy muy probable que te reciba con la lengua fuera y la bragueta abierta. De hecho, el refranero masculino está lleno de frases hechas referentes a acostarse con menores (ojo, igual alguna hiere tu sensibilidad): «si llega a apagar la luz ya es mujer», «si se esconde para mear ya es mujer», «si el césped ha crecido, juguemos el partido»; entre muchas otras.

Dicho esto, si lo que quieres es una relación romántica con él, debes eliminar la posibilidad sexual de inicio de la ecuación, intentar que se interese por ti por algo que no sea tu físico. Y ahí me temo que esos cuatro años que os separan sí pueden ser una distancia demasiado grande. Buena suerte.

¿Qué hago liándome con una veinteañera?

Me separé hace poco más de un año, un divorcio muy duro porque tenemos tres hijos en común. Pero recientemente, casi por sorpresa, he conocido a una chica que me ha devuelto la sonrisa. Pero hay dos problemas: 1) le llevo 22 años y 2) fui su profesor hasta hace unos meses. Ella asegura que está enamorada de mí y me dice que va en serio conmigo. Y reconozco que a mí me hace ilusión pensar en un futuro con ella. Pero la diferencia de edad es grande y temo que tarde o temprano se canse de mí y no me veo capaz de superar otra decepción amorosa. ¿Qué opinas?

Pues que si eso ocurriera u ocurriese, ya te lo habrías llevado para el cuerpo. La vida es esa maravilla absolutamente incomprensible e impredecible que nunca sabes por qué caminos inusitados te va a hacer transitar, así que déjate llevar y disfruta del regalito.

Si en un futuro ella se cansara y lo dejara, habrías tenido tiempo suficiente como para recuperarte de esta decepción amorosa y podrías afrontarla de nuevo, y con mejores herramientas. La monogamia sucesiva tiene estas cosas: vives un amor, se acaba; vives otro, se acaba; y así hasta que nos morimos o nos negamos a sentir por miedo. Pero con miedo a sentir no se goza. ¿Te vas a estar todo el resto de tus días metido en tu concha? Pues vaya aburrimiento.

Lo que preveo es que si dejas escapar a esta por su edad, eso no te hace inmune a futuros abandonos amorosos, y habrás perdido esta oportunidad de disfrutar de una experiencia nueva y estimulante. No coartes tu propia felicidad, ya se encarga la existencia de darnos los palos, dárselos uno mismo es de masoquistas.

¿Por qué no me entra?

El otro día un vecino con el que coincido mucho en el ascensor y algunas veces en bares del barrio me propuso ir a un concierto juntos. Acepté porque él me atrae, pero durante el concierto no se me acercó, ni quiso entrar en mi piso después. ¿Puede que no quiera precipitarse teniendo sexo la primera noche porque le gusto para algo más o para no tener mal rollo después por la escalera si va mal? ¿Puede que le frenen el qué dirán los vecinos?

Creo que conviene aclarar las cosas desde el principio. Un tipo puede cortarse de liarse con una amiga por miedo a perder su amistad; no es probable, pero sí posible. Igualmente, también puede preocuparle entrarle a una compañera de trabajo por la vergüenza de un rechazo público o por represalias de la empresa. Ahora bien, no existe (repito: NO EXISTE) hombre heterosexual alguno que diga «mi vecina está muy buena, pero mejor paso de ella no vaya a ser que luego la cosa no funcione y pase un mal rato al cruzarme con ella en el rellano». Que no. Antes se aparece un unicornio en tu habitación montado en una Harley rosa.

Eliminado ese supuesto, replanteemos la situación. Fue él quien te propuso ir juntos al concierto, así que tiene (o al menos tenía) interés en ti. En el peor escenario posible, puede ser que viera algo en ti en el concierto que le echara para atrás, vete a saber: tal vez le recordaste a una ex novia con la que terminó fatal, o peor, de la que sigue enamorado; si ese es el caso, que la cosa no funcionó, basta con no darle mayor importancia: si no hay cadáver, no hay crimen.

Pero no te fustigues porque quedan otras dos opciones, a saber: la primera es que le molas pero el tipo tuvo algún contratiempo, como que le sentó mal la hamburguesa o que tenía que madrugar al día siguiente y pensó que era mejor dejar las espadas en alto y seguir otro día; la segunda, y según mi experiencia la más probable, es que le molas pero no lo vio claro, no supo interpretar tus ganas, y para no cagarla decidió enfundársela y esperar a un segundo encuentro. En tal caso lo que tienes que hacer es mandarle un escueto mensaje de móvil: «Me lo pasé muy bien la otra noche.» Y punto. Ni una palabra más, y mucho menos un emoticono. Y a esperar. Si él te contesta con algo parecido a: «Yo también, habrá que repetirlo pronto», es momento de cambiar las sábanas: pronto tu cama va a ver acción.

Cuestión de aromas

Mi ex novia me tenía prohibido ponerme colonia o usar desodorante. Le encantaba abrirme la camisa y olerme los pelos del pecho, eso la ponía chotuna perdida. En cambio, ahora he empezado a salir con una chica que me reprende si no me pongo desodorante. ¿En qué quedamos?

Cada persona es un mundo (complejo, además) y tiene distinto olfato. Hay mujeres que prefieren sentir el influjo natural de las hormonas y se fían de lo que su instinto les dicta a través del olor, aprovechando al máximo su cualidad de hembras; y hay mujeres con un radar tan sensible que sufren los olores y especialmente el sudor como si les estuvieran retorciendo la nariz con unos alicates. Ni una cosa está bien ni la otra está mal, simplemente es así.

Si a tu novia actual le resulta imprescindible que te eches desodorante y para ti no supone un esfuerzo, ni una alergia, ni un conflicto moral, pues mejor que la tengas contenta, porque si no, ya sabes, no vas a pillar. No a todo el mundo le gusta conservar la esencia del olor corporal como a Napoleón cuando se iba de campaña bélica, que obligaba a Josefina a no lavarse hasta que él volviera para tener todo su aroma puro y bien reconcentrado.

Me estoy enamorando de mi mejor amigo

Me he separado después de 16 años casada y mi mejor amigo también, a la vez. Eso nos ha unido mucho, porque nos hacemos compañía, nos comprendemos, nuestras hijas son amigas, y estamos muy a gusto haciendo cosas juntos. La cuestión es que hemos caído un par de veces en la tentación y ha sido perfecto, pero él me dice que no deberíamos seguir por ahí porque puede ser que nos estemos agarrando a un clavo ardiendo y nos haremos daño y acabaremos perdiendo también la amistad, que es lo más importante. Yo opto por dejarnos llevar y me encantaría tener una relación con él, pero él dice que necesita estar solo después de tanto tiempo casado. ¿Crees que con el tiempo puede acabar enamorándose de mí, aunque ahora esté convencido de que eso no va a ocurrir, por mucho que nos llevemos bien?

Veamos a ver qué me dice la bola de cristal... No, en serio, nadie puede asegurar que una persona vaya o no a enamorarse de otra: el desamor es predecible, el amor no.

Pero vamos a estudiar lo que tenéis: os conocéis bien, congeniáis, os tenéis mucho cariño y muchos puntos de interés. Si esto fuera una novela de Jane Austen, sin duda te diría que acabaréis juntos, porque el cariño y el respeto fácilmente se convierten en amor. Pero ese proceso, como todo buen guiso, precisa tiempo y requiere cuidado. De momento, él ya conoce tus sentimientos, así que no seas pesada y no se los digas más, ni siquiera se los insinúes, o acabarás logrando lo contrario de lo que pretendes: un efecto de rechazo. Al contrario, déjale que sane sus heridas solo. Cada persona necesita su tiempo para ello, no hay una fórmula que determine cuánto. Entiende que si ha estado tantos años casado tiene que volver a encontrarse a sí mismo. Anímale a que haga un viaje solo o con otros amigos. Deja que te eche de menos, que tu ausencia le haga ver el peso que tienes en su vida. Y quién sabe, puede que dentro de unos meses sea él quien llame a tu puerta. O puede que no. Por desgracia la vida no es tan sencilla como una comedia romántica, el chico no siempre corre hasta el aeropuerto para evitar que la chica se vaya a vivir a Wisconsin. En cualquier caso, lo que es seguro es que si le agobias terminarás por perder ambas cosas: la posibilidad de un futuro juntos y vuestra amistad. Sé fuerte, da un paso a un lado y espera.

Me atraen los golfos

Yo siempre he pensado que soy cazadora, me gusta ser yo la que conquiste, salgo muchas veces sola y don-

de pongo el ojo, pongo la bala: me gusta seducir y los seductores. El problema es que todos me salen muy golfos. Les gusta demasiado la noche, ir de flor en flor, tienen absoluta alergia al compromiso y huyen de toda implicación emocional. A mí antes ya me iba bien así, pero ahora siento que me gustaría asentarme un poco con un solo hombre, pero no me atrae ningún otro perfil, me ponen los crápulas, los malotes, los demás me parecen anodinos, sin gracia, no hay morbo ni toma y daca para la seducción. ¿Es posible que algún golfo esté cansado como yo del tiro al plato y tenga ganas de tener una relación un poco más estable con una cazadora?

Por lo que hablas resulta evidente que has estado buscando tíos que sean como tú, y, querida, tú no pareces (o al menos no parecías) «material estable». Ese hábito de buscar golfos, ¿no es una forma de apostar a perder? ¿De ponerse la tirita antes de la herida? ¿De decir: como son unos golfos la cosa no durará y así me evito disgustos? Ahora quieres una relación seria, pero eso cuesta más. Vas a tener que hacer algo más que ponerte guapa y salir de «caza» como tú dices. De hecho, te propongo una cosa: no salgas de caza por bares. Entiéndeme, no estoy diciendo que no salgas a tomar una copa cuando te apetezca, pero deja la escopeta en casa. Pregúntale a tus amigas y compañeras de trabajo si conocen algún tipo majo y disponible. Ve a fiestas de cumpleaños o de lo que sea y deja que te presenten a alguien. O busca en alguna página web: gracias a Internet, el mundo es tu coto de caza. Y dale una oportunidad al primero que te haga reír, aunque no parezca un arrancabragas. Recuerda aquello tan sabio que cada uno recoge lo que siembra. Y si solo te fijas en mujeriegos, luego no te sorprendas si se largan de tu cama antes siquiera de quitarse el condón.

¿Por qué queda si tiene novio?

El otro día conocí a dos primas en un bar. Empecé a hablar con una y la invité a un concierto para el que tenía una entrada de sobras. Como ella no podía y la prima conocía el grupo y le encantaba, la invité a venir conmigo. La fui a recoger y le llevé un cedé como detallito. En el concierto, estuve cariñoso e intenté entrarle, pero me hizo la cobra y acabó diciéndome que tenía novio. ¿Cómo puede quedar conmigo y no querer nada después? ¿Por qué queda con un tío si tiene novio?

Seguramente esa chica no pensó que querías nada con ella puesto que le habías entrado a su prima previamente, y creyó que solo querías compañía para el concierto, no para ir a la cama después, en la dulce inocencia de que no todos los hombres pretenden irse a la cama con ella. Quizás es de la sana opinión de que hombres y mujeres pueden ser amigos cuando no hay una atracción. Y, si no se sintió atraída por ti y vio que no te dabas por aludido con sus cobras, se inventó lo del novio como excusa para no herirte en tu ego. ¿No me digas que le pediste el cedé de vuelta?

La chica del bus

Estoy pilladísimo por una chica con la que me encuentro casi cada tarde en la parada del autobús que cojo para volver del trabajo a casa. Alguna vez hemos cruzado miradas y nos hemos sonreído. Pero no sé nada de ella. Me gustaría entrarle, decirle algo pero, ¿y si tiene novio? ¿Y si piensa que soy un gilipollas? O peor, ¿y si la asusto? No sé qué hacer.

A ver, estar pilladísimo por alguien de quien no sabes nada es un poco preocupante, la tienes idealizada de antemano. Pero bueno, teniendo en cuenta que estas cosas pasan, vamos a afrontar la situación para bajarla del pedestal. Primero, es humana, seguro que va al baño. Segundo, te ha sonreído, quizá sea tan tímida como tú y además considere que el primer paso lo deben dar los hombres, cosa anticuada pero no por ello poco habitual. Tercero, mejor que sepas cuanto antes lo estúpida que es si piensa que eres un gilipollas por hablarle, por hacerle cualquier comentario agradable del tipo: «Bueno, ya que nos vemos todos los días aquí, me presentaré.» En función de su reacción podrás calibrar qué posibilidades tienes, y seguir hablando o dejarlo correr. Si no ha salido corriendo de la parada cada vez que os habéis cruzado, es que no eres tan feo como para asustarla. Y si tiene novio, ya encontrará la manera de dejártelo caer para que no sigas por esos derroteros. La vida es más fácil de lo que nos la hacemos y conocer a gente es tan natural como vivir en el planeta. ¡Relájate!

¿Por qué me mira y no me habla?

Me gusta un monitor de natación de mi polideportivo al que veo mientras hago *spinning* en la sala de arriba. Yo le miro y él, de vez en cuando, mira hacia arriba y me saluda. Aún no hemos hablado nunca, pero cuando nos cruzamos por el pasillo, me hace una seña con la cabeza, y yo le sonrío, cortada. No sé qué hacer, ¿por qué no me habla? ¿Busco una excusa para entrarle yo?

Uno de los grandes problemas antes de conocer a alguien que nos gusta es caer en el síndrome del cuento de la lechera: nos hacemos una idea de esa persona, le adjudicamos virtudes y características que nos gustan convirtiéndola en un ideal. Y luego, si esa persona no nos hace caso, pensamos que tiene algún problema.

Por lo que cuentas, vuestra única interacción es en el gimnasio donde, te recuerdo, él está trabajando. A ver, que yo no digo que no le gustes, a lo mejor sí, pero piensa que, si es monitor, está implícito en su trabajo que debe ser amable con los clientes y sonreír y saludar. Si cada vez que mira en tu dirección ve que le estás sonriendo, tiene que devolverte la sonrisa, no puede ignorarte. De nuevo, se trata de encontraros fuera de ese entorno. Claro que aquí él lo tiene más complicado puesto que está trabajando y tú eres una clienta, así que lo más probable es que, aún cuando le atraigas, no se atreva a hacer ningún acercamiento.

Por ello tu estrategia pasa por tener paciencia. Tu primer movimiento debe ser hablar con él de algo que implique sus conocimientos laborales. Dices que es monitor de natación, pues acércate y pregúntale cuál es la hora en que hay menos gente en la piscina, por ejemplo, o dile que quieres empezar a nadar y que te gustaría que te preparara un plan de entrenamiento. Bien, ahora que ya os conocéis, la siguiente vez que le veas (que no sea al día siguiente, no seas ansias) mientes y le dices que te pareció verle el anterior viernes noche en tal bar o en tal club, y a ver qué dice. Si te dice que imposible porque pasó el finde haciendo macramé con su novia en casa, pues adiós muy buenas. Pero si te dice algo como que no ha ido nunca o que antes iba pero hace tiempo que no va, le sueltas que el siguiente sábado tú vas a ir con unas amigas y le invitas a que se apunte con vosotras. Si dice que sí y va, ya no estará en su lugar de trabajo y veremos si responde a tus sonrisas con sonrisas y con algo más. ¿Qué te parece el plan? Bueno, ¿eh? Pues, ea, lánzate a la piscina (guiño, guiño).

Les intimido

Esto es algo que se me repite muchísimo con cantidad de hombres. Quedamos, nos gustamos, nos caemos bien, ellos me dicen que soy brillante, inteligente, interesante, atractiva, y que me admiran por cómo vivo de forma independiente y feliz. Así que nos echamos un polvo o dos, pero, a continuación, lo que hacen es huir con la excusa de que les intimido, que tienen miedo de que les deje en cuanto me aburra de ellos, que soy demasiado libre y autónoma, y no les necesito para nada. ¿Cómo les hago entender que soy humana y también sé querer?

Ay, la naturaleza humana. Siempre gusta más ese caballo que trota libre por el prado que el que tenemos en la cuadra. Pero, a la hora de largo y agradable paseo, mejor el que está ensillado. Vamos a ver, tengo la intuición de que, si les intimidas, es por tu natural exuberancia, porque me da la impresión de que no te guardas ninguna bala en la recámara y te muestras tal cual eres y, sin quererlo, avasallas. Así que la respuesta es muy sencilla: muéstrate menos. Dales algo de misterio. Que no lo sepan todo de ti en un primer vistazo. Que el reto no sea domarte, sino conocerte mejor. Si no consiguen tenerte a la primera de cambio, igual se quedan el tiempo suficiente para descubrir todo lo bueno que puedes ofrecer. Y que conste que no te estoy diciendo que cambies tu forma de ser, solo que no seas tan generosa mostrándola, que te reveles poco a poco.

Y si...

El otro día en el AVE coincidí con una mujer maravillosa. Educada, lista, ingeniosa, guapísima, divertida... Nos pasamos el viaje charlando y cuando llegamos a nuestro destino ella me dio una tarjeta con su mail y el teléfono directo de su trabajo. Aquí debería mencionar que yo vivo en pareja y felizmente. Sin embargo... esa mujer. ¿Sabes cuando no te puedes dejar de preguntar «y si...»? Pues así estoy yo ahora, no puedo dejar de preguntarme cómo sería salir con esa mujer. ¿Y si resulta que ella es la ideal para mí?

Yo vivo en pareja y felizmente pero creo que puedo encontrar algo mejor. Ok, partiendo de esa base, permíteme que te cuestione si estás tan feliz con tu pareja o solo por tener pareja. Y si fuera ELLA implica que con la que estás no lo es, no es tu ideal, no te vuelve loco, pero te permite una existencia tranquila y estable. Esto es más viejo que la canción de Alejandro Sanz, escúchatela, no te provocará urticaria, tranquilo. Una vez tengas resuelto el tema de tu actual relación, por supuesto, mándale un mail a ELLA para tantearla y proponerle una cita. Es muy probable que te estés complicando la vida, pero te librarás de la duda y no pasarás el resto de tus días al lado de otra, flagelándote con lo que podría haber sido y no fue.

Me atrae un ex rollo de una amiga

Me he metido en un lío fenomenal. Mi amiga se lio una noche con un seductor de manual que luego no volvió a dar señales de vida. Pero una madrugada me pidió que la acompañara a buscarlo al antro donde se habían conocido. Me pareció absurdo, puesto que él no la había buscado para nada, pero fui. El problema es que él vino a por mí, y yo caí fulminada ante sus encantos. Mi amiga tuvo que irse, pero yo me quedé allí con él, sin poder resistirlo, y acabé rechazándole por ética, pero desde entonces nos escribimos y estoy loca por él. Y él asegura que por mí y por nadie más. Pero no quiero hacerle eso a mi amiga, no sé cómo explicárselo porque ella sigue detrás de él, y yo me encuentro en el medio, escuchando la versión de los dos y con ganas de liarme con él y que sea lo que el Universo quiera. ¿Qué narices hago, por favor? ¿Y si me cargo una amistad solo para que él luego me deje en cuanto se ponga la medallita?

Dos cosas: primero, no es que sea un ex de tu amiga con el que ha estado diez años, es un rollo de una noche, así que no creo que sea necesario tanto drama, no te cargues vuestra amistad por tan poco. Simplemente, dile a tu amiga lo que ha pasado y muéstrale los mensajes del chico, para que vea que es él quien te va detrás y que tú te has resistido. Explícale que a ti también te gusta y lo mal que te sientes por la situación. Segundo, ¿en serio estás loca por él o se trata de un simple calentón? Tú misma dices que es un «seductor de manual» y que has caído «fulminada ante sus encantos»; entonces, si lo sabes, ¿por qué crees que lo suyo contigo es amor verdadero y no pura lujuria o ganas de marcar otra muesca en el cabecero de su cama? Toma buena nota de lo que te voy a decir como si fuera un mandamiento: no, él no va a cambiar por ti. ¿Por qué iba a cambiar si de momento le va bien tal y como es?

Tengo novia, ¿salimos?

Muchas tardes voy con mi novia a un bar de su barrio a tomar algo. Siempre nos atiende la misma camarera, una morena preciosa con una de esas sonrisas que te iluminan el día. Yo siempre la miro con disimulo para que mi novia no sé dé cuenta. Y creo que yo también le gusto a ella porque siempre me sonríe y la he pillado mirándome cuando nos vamos. Me gustaría entrarle, preguntarle por dónde sale y quedar con ella, pero tengo miedo de que se enfade porque sabe perfectamente que tengo novia. O imagina que se chiva a mi chica, menudo pollo. ¿Cómo puedo saber si le gusto lo bastante como para arriesgarme? ¿Cómo hago para pedirle una cita sin que se ofenda?

Voy a intentar responder a esta cuestión sin juzgar nada. Ahora bien, empezaré por proponerte que le sugieras a tu novia tener una relación libre en la que AMBOS podáis tontear y liaros con quien os venga en gana, para que ella tenga la misma libertad que tú o por lo menos pueda elegir si quiere estar contigo en esas condiciones, ya que no me parece que te plantees dejarla a menos que la otra se preste como sustituta.

Apuntado esto, ve solo al bar y, cuando te sirva, vacílale con algo ingenioso, que le invite a relajarse, y, si se ríe contigo, dile que a ver si consigues ver esa sonrisa un día fuera de su trabajo. Si te escupe, en fin, habrás podido sentir su saliva. Si te sale bien la jugada, pues nada, a triunfar, al fin y al cabo la monogamia es un invento del hombre contra el que el propio hombre nunca podrá dejar de luchar.

Flechazo por un polvo

El otro día me enrollé con un hombre y yo pensaba que sería solo un polvo porque está casado, pero ahora resulta que me está llamando para quedar a tomar café y para conocernos más, y dice que se quedó prendado de mí y que se ha dado cuenta de que ya estaba por estar con su pareja y no quiere seguir con ella. A mí me parece demasiado precipitado, por una sola noche semejante flechazo, y temo que sea solo un capricho del que luego se arrepienta cuando su mujer esté jodida y yo enamorada y entregada. ¿Qué hago, confío en él y le doy tiempo o huyo antes de que cambie su vida por un siroco?

Buf, de nuevo el síndrome de la lechera, solo que esta vez por partida doble: él cree que se ha enamorado de ti en una sola noche; y tú, que en principio no querías nada, ya estás suponiendo que te vas a enamorar de buenas a primeras por el empuje de su deseo. Caramba, qué intensidad, qué rapidez. Vamos a serenarnos. Resulta muy halagador para cualquiera pensar que después de una noche de sexo la otra persona se ha enamorado de ti. Como tú bien dices, es precipitado: en todo caso, suponiendo que sus sentimientos sean sinceros, se habría enamorado de una idea de ti, porque aún no te conoce. Y que luego te aborde así de esa manera demuestra desesperación y, escúchame bien (esto es un consejo para todo el mundo): nunca te arrimes a alguien desesperado. Tal vez quiere dejar a su pareja y es incapaz de hacerlo hasta que tenga otra (esto es muy habitual, al igual que un mono no suelta una liana hasta que coge otra). Así que mi consejo sería que cerraras esa puerta. Pero, sobre todo, déjame decirte algo: que te sientas tentada por una oferta así de peregrina delata que te sientes insegura, falta de cariño. No bajes el listón por culpa de pasadas malas experiencias. No dejes que el miedo guíe tus elecciones. Y no aceptes a alguien que viene con el lastre de una relación que no ha terminado.

Los piropos

Perdona mi duda, pero tengo la impresión de que últimamente soltar piropos está mal visto. ¿Se puede llamar guapa a una desconocida por la calle o me he quedado anticuado?

Ay, mira, la verdad es que es difícil opinar sobre la controversia social entorno a este tema. A mí, personalmente, que me halaguen por la calle no me molesta, siempre que el tono sea respetuoso y el piropo elegante. No lo considero necesario, pero alabar la belleza no me parece algo desagradable. Yo misma a veces no he podido evitar halagar sutilmente a un hombre, en un reconocimiento de su poderío físico. Distinto es que me escupan guarradas del tipo «Te comería hasta el hilillo del tampax», que me dio arcadas y muchas ganas de vomitarle al tío en la cara. Piensa lo que no te gustaría que le dijeran a tu hermana, a tu madre o a tu novia para elegir qué vas a decir.

Ahora bien, que seas correcto no te garantiza que la

chica no te vaya a soltar un improperio porque en esto no hay un estándar, hay mujeres que se lo toman fatal porque consideran que nadie tiene por qué comentar nada sobre su cuerpo, porque no son objetos decorativos, y sienten que, de alguna manera, están ultrajando su dignidad por el hecho de ser mujeres. Es también muy respetable, la susceptibilidad es muy subjetiva y todos tenemos derecho a sentirla en mayor o menor grado. Ponte en su lugar: ¿A ti te gustaría que te estuvieran continuamente mirando el culo, o de arriba abajo, y juzgándote físicamente y emitiendo el veredicto a gritos? Pues lo cierto es que a nosotras tampoco, aunque unas le demos menos importancia que otras.

2

La maraña de las redes sociales

Una imagen, mil palabras

Soy nuevo en esto de Tinder y demás aplicaciones y voy muy perdido. ¿Qué tipo de foto debo colgar para atraer a las chicas al primer vistazo? ¿Y qué debo escribir en mi perfil que guste a las mujeres? Y ya puestos a preguntar, ¿qué no debo escribir para evitar ahuyentarlas?

Algo muy importante que la mayoría de la gente suele olvidar cuando se presenta en estas aplicaciones es el sentido común. Salir desnudo mostrando pectoral es de recibo si estás perfilado de gimnasio y quieres atraer solo por tu físico. Si no es el caso, sal vestido con tu estilo habitual y actual, no cuelgues fotos de cuando eras un Adonis. Ah, y sin poner morritos ni posturitas raras, natural. Ni de broma recortes una foto con tu ex y pongas la parte en que se te ve a ti con su brazo colgando, hazte el favor. Bajo ningún concepto pongas fotos con tus hijas, ni de tu hija sola, ¿nos tienen que atraer ellas o tú? Fotos de viajes o alguna practicando un deporte está bien, pero que tampoco parezcas Frank de la Jungla. En cuanto a la descripción, evita el clásico «Soy una persona normal», que no te diferenciará de la mayoría, y aboga por detalles ingeniosos, algo que provoque ganas de conocerte y no de pasar al siguiente en busca de un poco de originalidad. Tampoco hagas declaraciones de principios de las que luego te puedas arrepentir, pues según la mujer que tengas delante te puede apetecer un tipo de historia u otra y, si ella ha quedado contigo porque decías que querías algo concreto y cambias de opinión, te va a resultar complicado retractarte y reconducirla hacia otra nueva dirección.

El lenguaje de los emoticonos

Estoy empezando a tontear con un chico, hemos quedado alguna vez y luego hemos seguido hablando por Whatsapp pero no entiendo el lenguaje de los emoticonos. Muchas veces yo le suelto una parrafada y él solo me responde con una sonrisita, sin decir nada más. Otras veces se despide con la persona que saluda levantando la mano, que no sé si se está presentando como candidato a algo; y otras me manda unos morros en contestación a mi guiño con corazón. ¿Me puedes explicar cómo interpretar estas señales, por favor? Estoy muy perdida.

Salvo que haya muchísima confianza y complicidad entre dos personas, los emoticonos solo sirven para dos cosas: para reforzar el mensaje que se quiere mandar, o como simple cortesía cuando no se quiere (o no apetece) decir nada. Tu «amigo» los emplea para lo segundo. Si le sueltas una parrafada y te manda una sonrisa eso significa: «menudo rollo me ha soltado esta tía». Lo siento, pero le interesas tan poco que ni siquiera se digna en emplear unos pocos segundos de su tiempo para contestarte. La próxima vez que te escriba, mándale la siguiente combinación: cohete que despega, koala, mierda con ojos, sartén con huevos fritos y flamenca. Que se rompa la cabeza intentando descifrar lo que has querido decir.

Las citas *on line*

Acabo de separarme y tengo la impresión de que el mundo de las citas ha cambiado drásticamente en los últimos doce años. Yo creo que no sirvo para ir tonteando, me deprime. A mí me va estar en pareja. Pero miro perfiles en diferentes redes sociales y tal y soy incapaz de descifrar qué están buscando las mujeres que me atraen. ¿En qué debo fijarme para saber si una chica quiere algo serio o solo está probando?

Bienvenido al mercado de la superficialidad y las taras adquiridas. La parte positiva es que tú eres hombre, de modo que la mayoría de las mujeres, en el fondo, querrán algo más que un polvo. Incluso aunque esa fuera su única intención primigenia, si el hombre merece la pena, no van a ser ellas las que dejen pasar una oportunidad única de conocer y profundizar con un tipo abierto al compromiso por el hecho de haberlo conocido en las redes.

Puede que les cueste creérselo, porque la mayoría de los hombres te dejan ver muy pronto que están ahí para pillar cacho y que no se plantearían tener una relación con una tía que está activamente buscando machos en las webs de contactos.

Pero agradéceles a tus congéneres sus prejuicios y céntrate en distinguir a las mujeres que encajan contigo: primero, es más difícil encontrar a alguien serio en las webs de ligoteo fácil, donde prima lo visual y lo físico y apenas hay descripción personal que permita apreciar un atisbo de la personalidad y de los intereses de los demás. Así que opta por aquellas donde puedes acceder a un perfil completo con los rasgos y las aficiones de cada mujer.

Por la foto de la chica también verás si pretende atraer por los morros y sus protuberancias, o parece una persona digna que se tiene en cierta valía en general. El estilo de vestir también te dirá si congeniáis o te va a dar vergüenza ir con ella por la calle.

Y luego la conversación. Tampoco hace falta que realices un tercer grado para ver qué intenciones lleva, pero de un chat normal y relajado ya se intuyen muchas actitudes, cualidades, taras y traumas de cada cual, así que escucha, dialoga y deduce. Lo importante es que te lo pases bien y tu autoestima no dependa de que se queden contigo o te rechacen, porque aquí prima el *fast food*, y si no convences a la primera, las verás desaparecer a una tras otra, pero eso no significa que tú no valgas tu peso en diamantes.

Sigue conectado al chat

He conocido a un tipo por *Adopta un tío* y nos hemos empezado a liar hace ya unas semanas. Yo diría que todo va viento en popa, pero una amiga mía que le presenté un día me ha advertido que él sigue conectado al chat del *Adopta* a todas horas. Yo no entro desde que nos liamos, porque no me gusta jugar a dos bandas. ¿No sería lógico que él hiciera lo mismo y apostara por lo que tiene entre manos en lugar de continuar tonteando con otras o manteniéndolas calentitas por si acaso?

¿Tu sentido común qué te dice? Efectivamente: él no lo tiene claro contigo y no quiere cerrarse otras puertas. O, simplemente, es que entiende que vuestra relación es puramente sexual y que puede tontear con otras. Al fin y al cabo, apenas acabáis de empezar. Si estás incómoda con la situación, háblalo con él. Dile que necesitas saber qué clase de relación tenéis, si es exclusiva o no. Si te dice que sí pero sigue conectando con otras, igual es momento de ampliar tus horizontes.

Perdona, no había leído tu whatsapp

¿Cómo puede ser que le mande un mensaje a una amiga con derecho a roce y me ponga los *sticks* azules de entregado y leído y ella me conteste que no lo ha leído hasta tres horas más tarde?

Hoy en día, ya pueden decir los colores de Whatsapp lo que digan, todos podemos leer los mensajes sin abrirlos siquiera, con el *pop-up* en la pantalla o leyéndolo en la parte de arriba. Y más cuando es de la persona con la que tienes un rollo, difícil es esperar horas para no leerlo. Otra cosa es que te tomes el tiempo en contestarle porque quieres hacerte la dura (o el duro), o porque no sabes realmente qué responder y te lo estás pensando. Probablemente, tu mensaje haya sido enviado a sus 25 mejores amigas y a algún amigo para interpretarlo entre todos y buscar, en un *brainstorming* virtual, la respuesta adecuada. Piensa que si no le importaras, te contestaría al instante sin plantearse nada, o no te respondería directamente, pasando de quedar bien incluso.

¿Dónde duermo si voy a visitarle a su ciudad?

He quedado con un hombre que conozco por Twitter en su ciudad. Hace mucho tiempo que hablamos por mensaje directo y tonteamos en abierto, pero no nos hemos visto nunca. Tengo ya comprados los billetes pero no sé si irme a su casa o pillarme un hotel para luego ni pisarlo. No sé cómo se tomará cualquiera de las dos cosas y me da palo preguntarle, no vaya a pensar que me quiero instalar. Podría ir con las maletas y esperar a ver qué surge, pero su ciudad es muy turística y tengo miedo de que, a una mala, no haya hostal. ¿Qué soléis preferir los hombres en estos casos?

Buf, complicado. Por un lado, parece claro que si vas a verlo es con intención de acostaros; pero por otro, todavía no os habéis visto las caras en persona, no os habéis rozado, no sabéis si la atracción que tenéis en redes la tendréis en primera persona. Y, si me pongo es su lugar, creo que me agobiaría tener a una desconocida en casa todo el fin de semana, y mucho me temo que si él no te ha ofrecido su casa es porque piensa igual que yo. Por tanto, para esta primera visita yo escogería un hotel. De hecho, creo que deberías pedirle consejo: pregúntale si conoce algún hotel decente cerca de su casa. A ver qué te dice. En cualquier caso, si no se ofrece a ir a buscarte al aeropuerto o a la estación, es que no tiene tanto interés como tú en una futura relación y no merece que le visites.

El estado de Facebook

Llevo cuatro meses saliendo con una chica, ella es muy activa en redes sociales y prácticamente documenta su vida. Por eso me ralla un montón que no haya puesto en su estado social que somos novios. ¿Significa que no está enamorada de mí? ¿O está esperando a que yo lo haga primero?

A lo mejor, y con un poco de suerte para ti, documenta su vida pero no su intimidad y sus relaciones porque implican a otra persona y, antes que el reconocimiento de los demás por el hecho de tener una relación, está su respeto a su pareja. Da gracias, porque de lo contrario estaríais saliendo en todos sus estados en plan moñas, haciéndoos selfies para que todos sus amigos os digan la buena pareja que hacéis y tu privacidad sería inferior a la de Belén Esteban. Imagino que no quieres eso.

No obstante, si para ti es importante declarar en FB que tienes una relación con Fulanita, quizá deberías aclararlo directamente con ella, porque a veces apetece declarar el enamoramiento a los cuatro vientos, pero a la otra persona no le agrada contarlo públicamente hasta que no sea algo verdaderamente afianzado para que nadie sepa si cambia de pareja más que de bragas. Prueba.

¿Cómo interpretar las risas en los chats?

Para mí es un misterio por resolver lo que significan realmente los tipos de risas en el chat, ¿hay algún tipo de código común entre géneros?

Jeje = En fin, qué graciosillo. Jiji = Soy cursi. Jajaja = Ahí has estado bien. JAJAJAJA = Me parto contigo, tienes un polvo. JAJAJAJAJAJAJAJA = Me he pasado de copas. Jjjjj = Soy original. Hahahahaha = Sé idiomas.

Te escribí algo bonito en tu Facebook

He empezado a salir con una chica e, inmediatamente, se ha vuelto loca dándole al Me gusta a todos mis *post* en FB y en Twitter, y comenta todo lo que pongo, con expresiones cariñosas que me parecen un poco excesivas para lo poco que llevamos. ¿Qué narices pretende?

Está marcando el territorio para que todas tus potenciales amantes, ex novias y fans se enteren de que ya tienes propietaria y que a ninguna se le ocurra intentar sacarte de paseo. Más te vale que le enseñes a no traspasar los límites de tu intimidad o alerta a las demás si te gusta mucho, no vaya a ser que se les ocurra entrar al trapo e insinuar o desvelar de más en las redes. Tiene más peligro que un bulldog abandonado tres días sin comida.

¿Por qué juega pero no quiere quedar nunca?

Hace meses que me escribo con un hombre en redes sociales, incluso de vez en cuando me llama por teléfono desde el trabajo, o algunas noches que está por ahí de viaje. Me lo paso muy bien con él y tengo muchas ganas de conocerle en persona, pero él me dice que vendrá a verme en cuanto tenga algo de tiempo, que está liadísimo. A veces desaparece una semana, y cuando ve que me cabreo me llama con mil argumentos para recuperarme, y vuelvo a caer encantada. Pero no consigo quedar ni cuando yo voy a su ciudad, siempre coincide que está en otra por trabajo.

Esto, querida, a ver cómo te lo digo sin ser muy cruel: tu «amigo» ya tiene pareja. ¿No te parece raro que te llame desde el trabajo o cuando está de viaje? Eso es porque desde casa no puede, obviamente. ¿De pronto desaparece? Pues porque está con su novia, su mujer, lo que sea. ¿Que por qué tontea contigo entonces? Se me ocurren varias opciones: por aburrimiento, por el subidón de tener un «amor» secreto, por sentir que todavía tiene opciones... ¿Nunca has tenido un «esposo de oficina»? Es una figura bastante común en el mundo anglosajón (goo-gléalo) y consiste en tener un compañero (o compañera) de trabajo con el que tonteas un poco, quizá con quien quedas para comer, con quien compartes gustos, pero con quien mantienes una relación puramente platónica. ¿El motivo? Tener una ilusión, ir a trabajar de mejor humor. Tengo la impresión de que tú ejerces un papel parecido para ese hombre: le proporcionas una fantasía, un juego que alegra su existencia, pero parece claro que no piensa poner en peligro su relación. Sigue mi consejo: ni siquiera le des el placer de enfadarte. No contestes más sus llamadas y bloquea sus mensajes. Que se busque otra que le aguante sus tonterías.

¿Insisto para volver a quedar?

He quedado con una mujer que conocí por Meetic y me ha chocado mucho porque no me ha reconocido, apenas ha hablado, y a la media hora o poco más, la han llamado por teléfono y me ha dicho que tenía que irse porque una amiga estaba fatal y no la podía dejar tirada. Luego me ha contestado a algún whatsapp, así que interpreto que no está cerrada del todo. ¿Qué hago, insisto para volver a quedar?

¿De qué siglo eran las fotos que pusiste en tu perfil para que la chavala no te reconociera? Ese truco de atraer con una imagen de cuando eras joven, delgado y con pelo a las mujeres nos tira mucho para atrás cuando la realidad deja ver el paso y el peso de la edad. Primer punto. Segundo, si ella no ha hablado, ¿habéis estado en silencio o bien has estado hablando tú solo? ¿No le habrás hecho un monólogo que la ha apabullado? ¡Las mujeres estamos cogiendo complejo de diván! La llamada es un comodín que utilizamos en estas citas a ciegas para cubrirnos las espaldas por si nos toca un loco o uno que nos caiga fatal. Que te conteste algún mensaje puede ser solo por educación, analiza sin engañarte si te contesta con monosílabos por no meterte un corte o con alegría e intención de volver a verte. Ah, y no lo dudes, si quiere, ya te lo propondrá.

¡Maldito Instagram!

Mi chica es una adicta a colgar fotos en Instagram. Pero no solo fotos de lo que come o de sus pies en la playa, no, fotos cada vez que se compra ropita nueva, un bikini nuevo, con mallas en el gimnasio, sacando el culo frente al espejo... ¡Joder, a este paso se va a ganar ser su propia categoría de Pornohub! Y yo le digo que la inmensa mayoría de sus miles de seguidores son pajilleros compulsivos, y entonces me llama guarro y que si estoy enfermo. ¡Tócate las narices! ¿Cómo se lo explico sin montar un pollo? Porque ya no puedo más: ¡hasta mis amigos la siguen!

Fantástico, tienes una novia exhibicionista que necesita reafirmación ajena para estar segura de que está buena. No le sirve con que se lo digas tú porque ella no se lo cree por sí misma. Cada corazoncito del Instagram le acaricia el ego, pero de lo que no se da cuenta es que la autoestima es eso, tuya, y nunca depende de lo que piensen los demás sino de lo que una se valore a sí misma. O sea, que es carne de psicólogo y tú no vas a poder remediar eso, es un problema de raíces profundas que tienen muchas mujeres, sobre todo, y que se basa en que siempre hemos dependido de la opinión y la aceptación ajena para sentirnos alguien. Si gustas a los hombres, es que eres válida, si no, es que te tienes que seguir esforzando para ser mejor. Normalmente, con la edad se va madurando hacia la aceptación, porque si dependes de los demás, vas a seguir siendo una desgraciada en cuanto no obtengas su aprobación. No sé, hazle una reflexión sobre esto y dile que, si necesita ayuda, estás dispuesto a apoyarla. Pero si se obceca en su superficialidad, acéptala como es o, si tanto te molesta, búscate a otra que no necesite publicar su vida.

3

La incertidumbre de las primeras citas

¿Cómo voy vestida a la primera cita?

Tengo una cita con un tipo de mi hospital que me gusta mucho físicamente pero no tengo ni idea de cuál es su estilo de vestir, ni qué le suele gustar para cenar, ni otros gustos básicos que me permitan ir adecuada a la cita. No sé si vestirme informal para no impresionarlo o ponerme en plan mujer fatal con el riesgo de acabar en una hamburguesería de barrio. No sé si maquillarme o ir natural. ¿Y si me quedo en casa en pijama?

La buena noticia es que la gran mayoría de los tíos tenemos los conocimientos de moda justos para distinguir unos mocasines de unas botas. Te quiero decir que seguramente le vas a gustar con lo que te pongas. Aunque es verdad que entre los tíos corre la creencia de que si en la primera cita ella lleva minifalda, es que pillas seguro. Pero si me pides consejo, ten en cuenta que los extremos siempre son malos. Ponte algo con lo que te sientas cómoda, pero que sea femenino. Por ejemplo, si el clima lo permite, un vestido de verano, de esos que van algo sueltos y enseñan hombro y rodilla y que el viento pega a tu cuerpo, hace que cualquier hombre caiga de hinojos. En cambio, si te pones un vestido super escotado, ya sabes, uno de esos que empiezan tarde y acaban pronto, además de ponerle nervioso, lo más probable es que piense que te has vestido para llamar la atención y no para estar con él. Y si resulta que a él lo que le va es eso, es que está buscando una novia-trofeo, nada más.

En cuanto al maquillaje, te contaré un secreto: los hombres lo odiamos, pero mucho (habrá alguna excepción, por supuesto, pero te aseguro que son escasísimas). No hay nada más grimoso que darle dos besos a una chica embadurnada de maquillaje a lo Kardashian. Un poco de color en los labios, bueno, vale; la raya del ojo, bien; las uñas de los pies pintadas, estupendo. Más allá de eso deja de ser femenino para parecer un disfraz.

¿Los atormentados se enamoran?

Me gusta un atormentado de la vida, uno de esos hombres taciturnos y ensimismados que se matan mogollón la cabeza y necesitan estar mucho tiempo a solas para pensar, para evadirse de la sociedad, él se define como misántropo. Al parecer, he tenido la fortuna de que me considere especial y quiera quedar conmigo, pero es solo de vez en cuando, cuando él sale de su cueva y decide compartir un poco de su mundo y practicar un poco el hedonismo. Es un tipo realmente complicado, pero creo que precisamente por eso me atrae tanto, y siento un feeling irresistible por él. ¿Crees que es posible tener una relación con una persona así o voy a estar todo el tiempo sometida a sus entradas y salidas de la cueva?

No me deja de asombrar la capacidad de la gente para creer que puede cambiar a los demás. Mucho me temo que si él te ha conquistado siendo así, haciéndole caso lo único que consigues es premiar su comportamiento. De todas formas, si no se trata de una máscara y el tipo realmente es así de taciturno y misántropo (que, recordemos, quiere decir: aversión al género humano y al trato con otras personas), ¿por qué quieres estar con él? ¿Tienes la estima tan baja o tanta necesidad de reconocimiento que accedes a juntarte con alguien así? Me da la impresión que, de una manera inconsciente, creemos que si nos acercamos a alguien diferente, que se sale de lo establecido, eso nos convierte en especiales. Pero sin duda nos iría mejor si buscáramos lo que nos hace especiales en nosotros mismos, no en apoyos externos. Pero, vamos, la intención de este libro no es soltar rollitos espirituales y cursis, sino ofrecer respuestas. Así que te propongo dos opciones para que escojas la que prefieras: 1) no le sigas el juego, pasa de él y que salga de su cueva si quiere estar contigo; o 2) tíratelo solo cuando necesites quitarte el picorcillo del cuerpo y seguro que pronto dejará de parecerte tan fascinante.

Esto... que creo que te quiero

Hace poco conocí a una chica y nos liamos. No diría que hemos empezado a salir, pero la cosa pinta bien. Nos mandamos mensajes todos los días y nunca en mi vida he tenido una conexión sexual tan heavy con nadie. Pero creo que el otro día la cagué mucho: después de follar, mientras estábamos aún recuperando el aliento, le dije que creía que me estaba enamorando de ella. Entiendo que sonó raro porque solo nos hemos visto cuatro veces. Pero, no sé, me salió de dentro, no lo pensé. Ella se quedó congelada durante unos segundos, sin decir nada. Luego parece que decidió hacer como que no me había oído y se levantó para buscar sus cigarrillos. Poco después se despidió y se fue a su casa. Mañana vamos a quedar otra vez: ¿qué digo, saco el tema y me retracto o en boca callada no entran moscas?

No digas nada más, de momento. El hecho de que ella haya vuelto a quedar contigo significa que no la has acongojado del todo, y que no le disgusta que te estés enamorando ya. Quizá no se lo haya creído del todo y piense que fue fruto del calentón, quitándole importancia. Lo importante es que ahora te mantengas en tu línea, sin ser pasteloso ni cansino, pero sin mostrar arrepentimiento si es que de verdad te gusta. No fuerces la conversación porque podría parecer que quieres que ella te diga que te corresponde, eso ya te lo dirá cuando le salga. Y si ella lo menciona, pues respóndele abiertamente la verdad, que te brotó así espontáneamente y, aunque parezca precipitado, no borrarías tus palabras independientemente de lo que ella sienta. Sobre todo y ante todo, que no note ningún atisbo de desesperación por tu parte, eso nos resulta menos atractivo que Bertín Osborne de gira con Arévalo en pleno siglo XXI.

Si necesita tiempo, ¿por qué tontea conmigo?

He quedado con un hombre con el que llevaba mucho tiempo flirteando en mi gimnasio. Me ha caído bien y me habría apetecido enrollarme con él, pero resulta que lo acaba de dejar con su novia y dice que ahora no quiere nada con nadie porque necesita tiempo para hacer el duelo. ¿Lo espero y sigo quedando con él?

¿Conoces la expresión «relación bisagra»? Es muy habitual sin importar el género y es casi casi una ciencia exacta: cuando se sale de una relación larga, sobre todo si ha acabado mal, suele ocurrir que nos enganchamos a la primera o al primero que pasa por ahí para que a) nos vuelva a levantar la autoestima y b) nos ayude a olvidar a la anterior. Y una vez que hemos conseguido ambos propósitos, dejamos a esa persona y ya estamos preparados para volver a tener una relación «seria». De ahí el nombre de «bisagra», porque esa persona actúa de intermediaria. Y aunque cruel, tiene su lógica: después de una pareja que nos ha marcado necesitamos un tiempo de descompresión, de oxigenarnos, de volver a encontrarnos con nosotros mismos y aprender a estar solos.

Por ello, para evitar que tú seas su «bisagra», debes

alejarte de él, cortar todo el contacto. Si te gusta mucho no te va a resultar fácil, pero es la opción más inteligente. Habla con él y dile que entiendes que necesita superar ese luto por lo que prefieres dar un paso atrás. Él lo respetará y, lo que es mejor, le picará el amor propio y se preguntará si está perdiendo una oportunidad. Luego, dale tiempo, dale espacio. Si lo que necesita es desfogarse por ahí, que no lo haga contigo. Y si realmente le gustas, dentro de unos meses es probable que vuelva a llamar a tu puerta. Entonces tú tendrás la sartén por el mango y ya veremos si te apetece abrírsela o no.

Solo alaba mi culo

He empezado a salir con un chico con el que tenemos mucha química pero en la cama yo le digo que me gusta mucho su olor, su piel, su cuerpo entero; que me encanta cómo me besa y me toca. Él en cambio se queda callado y lo único que me dice de vez en cuando es que le encanta mi culo. solo menciona mi culo. ¿Qué pasa con el resto de mí, no le gusta, no le intereso? ¿Está marcando distancias para que intuya que no quiere nada más que algo sexual?

Muchos problemas de pareja proceden de darle demasiadas vueltas a las cosas, de buscar mensajes ocultos donde probablemente no los hay. ¿Te has planteado que a lo mejor el muchacho no da para más? Al chico le gusta tu culo, y punto. Si tuviera más experiencia con las mujeres o más inteligencia emocional, sabría valorar otras cualidades y mencionar otras partes de tu cuerpo. Que solo mencione tu culo no significa que no le intereses. De la misma forma que, si alabara todo tu cuerpo, eso no significaría que está enamorado de ti. Quizá lo suyo no es comunicarse. Pónselo más fácil: pídele que mencione tres cosas tuyas que le gusten y le dices que está prohibido decir «culo». Si dice que no se le ocurre nada, menciona solo tres partes de tu cuerpo o cae en tópicos (no es lo mismo decir «me gusta tu sonrisa» a «me gusta cuando sonríes porque pareces una niña traviesa»), es que solo te quiere para «el tema» o que es más simple que firmar con una X.

Enamorado de la novia de mi mejor amigo

Llevo enamorado de la novia de mi mejor amigo desde que la conocí, hace casi un año. Por supuesto, no se lo he contado a nadie y he intentado mantener las distancias. Sin embargo, por una cosa o por otra, nos vemos a menudo. Y últimamente tengo la impresión de que le gusto. Me pone la mano sobre el brazo o el pecho cuando me habla o se ríe con algo que digo. La verdad es que estoy hecho un lío. No quiero hacer daño a mi amigo, pero, ¿y si resulta que ella siente algo por mí y no se atreve a dar el paso de decírmelo?

Menuda putada te hizo Cúpido, amiguito, no había más tías... Las señales de las mujeres hacia los amigos de nuestras parejas pueden dar lugar a equívocos, no porque queramos nada, sino precisamente porque nos relajamos, confiando en que los hombres, en cuanto uno presenta a su novia, ya la descartan para nada más. Nos integramos como una más en la pandilla y actuamos con total naturalidad y confianza, como si fuerais hermanos de sangre o amiguitos gais. Evidentemente, si un amigo de nuestro novio nos gustara, no seríamos tan pánfilas de dejar ver ni el menor resquicio de deseo delante de todo el grupo. Incluso a solas nos daría reparo porque conocemos la fidelidad masculina entre vosotros y temeríamos que el objeto prohibido de deseo corriera a confesarle a su amigo que su novia está jugando a dos bandas. En resumidas cuentas, si ella es cariñosa contigo delante de su chico y de todos, te ve como un osito de peluche inofensivo. Si te toca únicamente cuando os encontráis a solas, busca alguna señal más evidente, rollo mirada de arrobo o fuego en los ojos. Si la captas, sé muy muy sutil en la forma de insinuarte para que ella recoja el guante o, si no lo hace, que no pueda chivarse a tu amigo o sentirse incómoda luego cuando os juntéis todos.

No te enamores de mí

Anoche estuve con un tipo muy interesante con el que he coincidido en varias actividades culturales y he estado una semana intercambiando whatsapps a todas horas. Él me iba diciendo lo mucho que yo le interesaba, que le parecía muy inteligente y única, y en la cita sentimos una atracción inmediata y nos lo pasamos genial. Pero en la puerta de su casa me advirtió que no me enamorara de él, porque no quería hacerme daño y él era un lobo solitario. ¿Qué narices es eso de «No te enamores de mí»?

Ay, perdona un momento, que me da la risa. Aunque en realidad esto es tan triste como habitual. La respuesta rápida es la siguiente: ¡corre! Corre como el viento y no me mires atrás.

Pero vamos a explicarnos: estamos ante un clásico caso de tipo inseguro (de hecho, la mayor parte de los problemas masculinos derivan de dos extremos: la inseguridad y la lujuria, pero de eso ya hablaremos). Por supuesto, él te dice eso esperando lo contrario, que te enamores de él. Es una suerte de psicología inversa a un nivel muy infantil. Te está abriendo esa puerta, que te enamores de él, por si a ti ni siquiera se te había ocurrido. Pero, no te engañes, no te lo dice porque él se haya enamorado de ti, no. Al fin y al cabo, os acabáis de conocer. Lo que pasa es que si tú te enamoras de él le estás otorgando valor, le prestas una seguridad que él no tiene por sí mismo. Y lo peor es que, si se muestra así nada más conocerte, si iniciáis una relación es muy probable que sea esa la tónica general: que te demande continuas muestras de reconocimiento. O, lo que es peor, que llegue el día que, por habitual, ya no le valga tu opinión y vaya a buscar su chute de ego fuera.

Mira, este tipo de frasecitas son perdonables cuando tienes veinte años, pero llega un momento que son intolerables, rayando el insulto. Si alguien te vuelve a soltar algo parecido, simplemente espétale: «Tranquilo, no hay el menor riesgo de que eso pase.»

Espero no romperte el corazón

Primera cita, todo muy bien. Segunda cita, perfecta. Tercera cita y va la tía y me suelta que «espera no romperme nunca el corazón». ¿Perdona?

Uy, esta es la versión femenina del «No te enamores de mí» y te está avisando de que ya le ha roto el corazón a otros y tú podrías ser el siguiente afectado. A nadie se le ocurre advertir de algo que nunca ha sido su estilo. Con este tipo de prevenciones sutiles la susodicha se quita el polvo de encima, yo ya te he avisado, te he aclarado que yo NO quiero hacerte daño, yo soy buena, pero si en algún momento soy mala, podré alegar que te lo avisé y tú decidiste seguir adelante, ergo, la responsabilidad del daño infligido será. ¡TUYA! Jugada perfecta, no me digas que no.

¿Por qué me deja de besar?

He estado chateando muy intensamente con un hombre muy atractivo y en la primera cita tuvimos sexo. Lo curioso es que a mitad del primer polvo me dejó de besar. Luego se quedó a dormir, pero sin tocarme. Por la mañana me echó dos polvos, sin besarme para nada, y luego fuimos a desayunar tan ricamente. En la despedida, yo busqué su boca pero él me dio los típicos besos de abuela en la mejilla. Y ya, hasta por la noche, no tuve más que un buenas noches, un buenos días y ya. Le pregunté que si me había perdido un capítulo y me dijo que estaba todo bien, pero que tenía muchísimo trabajo. solo le contesté que no le entretenía más. Y hasta ahí. Nunca ha vuelto a aparecer. Me ha dejado noqueada porque no entiendo nada.

No le des más vueltas: realmente no hay nada que entender. Él quería echar un polvo y ya está. Y lo ha tenido de la forma más primitiva posible, un acto físico, como quien hace deporte. Y la gente no se besa cuando hace deporte. Para muchísima gente, besar supone intimidad, mucho más que follar. ¿No has escuchado eso de que las prostitutas no besan a sus clientes en la boca? Pues eso. Y lo de que «tengo muchísimo trabajo» es un «paso de ti» en toda regla. Así que lo mejor que puedes hacer es olvidar a semejante majadero y pensar en la suerte que has tenido al descartarlo de tu vida. Pero aprende la lección: la próxima vez que estés con alguien que no se entregue como tú necesitas que se entregue, díselo, que no piense que tiene sobre ti unos derechos que tú no le has concedido.

La primera noche NO

La verdad es que voy acumulando un fracaso tras otro, me siento libre y liberada para acostarme con un hombre cuando me atrae, pero luego siento que ya no me valoran, que ya han conseguido lo que querían. ¿Debería hacerle caso a mi abuela y a mis amigas y esperar cinco veces hasta la primera vez?

Pues mira, me duele en el alma decirlo, pero es cierto

que la mayoría de hombres aprecia más a una chica si no se acuesta con él la primera noche. Es estúpido, lo sé, y machista, sin duda. Supongo que detrás de eso hay alguna razón antropológica, cultural, patriarcal; pero es así. De todas formas, tengo la impresión de que con las nuevas generaciones eso está empezando a cambiar. Quizá porque el mercado tecnológico que nos envuelve nos está acostumbrando a «lo veo, lo quiero ya», a no tener paciencia. En cualquier caso, plantéate con qué clase de tipos te estás acostando. Quiero decir que si lo haces simplemente por darle una alegría al cuerpo, pues adelante, es tu derecho y tu elección. Pero, si como se intuye por tu pregunta, estás buscando algo más, puede que tomarte un poco de tiempo para conocer mejor al tipo en cuestión te ahorre luego arrepentimientos, ¿no te parece?

Soy novato y tengo miedo

He conocido a una chica que me gusta mucho y parece que yo a ella. Aún no nos hemos acostado porque me consta que ella tiene bastante experiencia y yo, la verdad, no demasiada. El otro día estuvimos a punto, pero al final le paré los pies y ella me preguntó si no me gustaba. ¡Claro que me gusta! Lo que pasa es que me da miedo no estar a la altura. ¿Qué crees que es mejor: le explico mi poca experiencia o eso hará que ella pierda el deseo por mí?

Yo creo que le dará morbo y le hará sentirse especial, como que no eres el típico que va por ahí tirándoselo todo. No necesitas confesarle que es que siempre has sido un poco friki o ibas atrasado con respecto a los otros de tu edad, revístelo de un halo de «soy sensible, no puedo acostarme con cualquiera, necesito sentir algo por la chica para llegar a ese punto de intimidad y me gusta tomarme mi tiempo para acostumbrarme a ella, a su piel; estar seguro de que será algo bonito». Va a flipar, se va a quedar patidifusa como si se hubiera encontrado un diamante de tu tamaño, y va a estar encantada de ser tu elegida y de explorar contigo esa intimidad. Ahora bien, tampoco te hagas mucho de rogar, lánzate y si no sabes cómo tocar o hacer algo, déjate llevar por ella, pídele consejo, explota tu timidez para que te enseñe y te guíe, y aprende rápido para que tenga el amante que siempre deseó amoldado a su gusto. La verdad es que le ha tocado la lotería si te aplicas bien como alumno. Ah, cuando cojas destreza, empieza a sorprenderla sacando al macho que llevas aún agazapado dentro, para que no se aburra con lo previsible.

¿Me adapto a lo que él quiera?

Quiero quedar con un chico que me gusta mucho pero no sé qué quiere de mí, no sé si querrá solo una noche de sexo, o un rollo más largo pero solo sexual, o algo más serio, pero me da palo hablar de ello por si no coincidimos, no quiero que huya por querer cosas diferentes. Casi prefiero esperar a que él saque el tema de forma que yo pueda acoplarme.

Mi primer impulso ha sido decirte que no le des tantas vueltas a las cosas, que vivas el momento y que ya verás cómo va la cosa. Pero después de leer otra vez tu mensaje me he preocupado. Escucha, si tú misma no tienes en cuenta tus propios sentimientos, ¿cómo esperas que alguien los tenga por ti? ¿Me estás diciendo que estás dispuesta a renunciar a tus ideas para gustarle a alguien? No, por favor. Valórate. Quiérete. Por mucho que te atraiga ese chico, si vuestros intereses no coinciden, os vais cada uno por vuestro lado y punto. Recuerda siempre que el deseo que tenga otra persona por ti no te define como persona.

¿Debo insistirle para volver a quedar?

Conocí en un bar a un tipo muy atractivo con el que he estado intercambiado whatsapps durante unas semanas hasta que quedamos ayer para hacer el vermú. La atracción ha sido fatal, hemos acabado besándonos como locos y todo parecía ir rodado hasta que al llegar a mi portal ha decidido que se iba. Sorprendida, le he mandado un mensaje para decirle que volviera, pero se ha negado. No tengo ni idea de lo que le ha podido pasar, el caso es que me encanta y quiero volver a verle y resolver la tensión sexual no resuelta. ¿Debo insistirle para volver a quedar?

Menudo misterio. ¿Me quieres decir que el tipo se largó sin darte una explicación? Y si es así, ¿por qué quieres volver a quedar con él? Entiendo que puedas tener un calentón, pero a mí, si alguien me deja con las ganas con tan poco respeto, no le voy detrás. Me las apaño en solitario y a dormir, que ya encontraré otra noche quien quiera estar conmigo.

De todas formas, volviendo al personaje que me dibujas, conozco algún caso de gente (tanto hombres como mujeres) que disfrutan con ese jueguecito del tira y afloja, de tenerte pendiente de ellos. Supongo que responde a algún tipo de carencia, inseguridad o vanidad. Quizá su madre le hacía más caso a su hermanito y siente ganas de recuperar el control. Yo de ti huiría de alguien así como alma que persigue el diablo. En cualquier caso, ante el perfil psicológico que presenta, tienes muchas más posibilidades de volver a saber de él si le ignoras que si le persigues. Te apuesto lo que quieras a que si pasas de él pronto volverá a mandarte un mensaje reclamando tu atención.

Ya te llamaré

Tengo 40 años y estoy cansada de historias en las que, después de una noche, el tío suelta lo de «Ya te llamaré» y luego no vuelvo a saber de él, desaparecido como si lo hubieran abducido los extraterrestres. ¿Por qué luego no llaman? ¡Yo, si digo ya te llamaré, es porque voy a llamar después!

Esto es un defecto de fábrica que la mayoría de tíos tenemos. Aunque no tengamos el menor interés en una chica después de la primera cita, nos cuesta mucho cerrar la puerta del todo. Por razones puramente egoístas, claro: por tener a alguien en la recámara si una noche estamos calientes y no encontramos a nadie más con quien aplacar nuestro apetito; o muchísimo peor, porque tememos que ella nos monte un pollo, tan irresistibles nos creemos. Además, de alguna manera queremos ser especiales para ella; insisto: aunque no nos interese en absoluto. Es decir, por una mezcla difícil de explicar de inseguridad y exceso de ego. Así que nos resulta muy difícil decirle a la cara: oye, mejor lo dejamos porque entre tú y yo lo único que va a pasar es el aire. Mi consejo es que cambies de coto de pesca: en lugar de usar alguna aplicación destinada para desahogos temporales, busca contactos en otra que sea para buscar pareja.

¿Cenar? Mejor quedamos para tomar una copa

He conocido a un tipo muy atractivo que no acaba de definirse, así que me he lanzado y le he propuesto ir a cenar, y me ha contestado que mejor quedamos para tomar una copa. Me ha dejado planchada porque me apetecía sentarme en un restaurante con él y conocerle mejor. ¿Qué le pasa?

No lo tiene nada claro. Cenar supone pasar un tiempo a solas, crear cierta intimidad. Prefiere pasar contigo un rato en un sitio más informal a ver qué pasa y, si la cosa no funciona, al menos se ha tomado una copa. Pero eso en principio no significa que no quiera nada, sino que tiene sus reservas. Acude a la cita y tómate esa copa, no tienes nada que perder. Si él trata de conseguir algo más esa misma noche, es que lo único que le interesa es desfogarse. Pero, si le has gustado, te dice de volver a quedar pronto. Entonces dile que sí, pero que tú escoges el restaurante.

No me puedo quedar a dormir

El fin de semana pasado me acosté con un hombre después de ir a tapear por ahí. Lo hicimos en su casa y seguidamente, ni corto ni perezoso, me soltó: «No te puedes quedar a dormir, es que mañana tengo un partido de fútbol y tengo que madrugar y yo no duermo si tengo a alguien al lado.» Y me tuve que levantar a las dos de la madrugada e irme. ¿Es un fanático del deporte o es que no le gusté?

Mentira. Lo único que quería era echar un polvo y a continuación lo que quiere es que desaparezcas cuanto antes para poder dormir a pierna suelta. Si estás en su casa y no insiste en acompañarte a buscar un taxi, sal de allí y no vuelvas a cogerle el teléfono.

¿Por qué no me contesta a mis mensajes?

Mi último amigo con derecho a roce no me habla desde hace unos días. No entiendo qué le ha podido pasar, porque la última vez que nos vimos estuvimos súper bien y yo pensaba que seguiríamos quedando, pero ni da señales ni me contesta cuando le escribo para ver qué tal está o si le ha pasado algo.

Por definición, un «amigo con derecho a roce» es alguien con quien quedas, follas y luego te despides hasta que a los dos os vuelva a entrar el picorcillo. Sin ataduras emocionales. Lo siento, pero voy a ser muy claro: si no da señales de vida es porque no siente que te deba ninguna explicación y porque, muy probablemente, haya encontrado a) otra follamiga que le apetece más o, muy probablemente, b) una chica que le gusta lo bastante para tener una relación seria, y por eso quiere cortar cualquier lazo contigo. ¿Y sabes qué? Que no merece que le dediques ni un pensamiento más.

¿Se puede ser cariñoso sin querer nada más?

Hace un par de semanas estuve con un chico majísimo que fue muy dulce y cariñoso en la cama, súpergeneroso, entregado y solícito para darme placer y dejarme satisfecha. Después se quedó a dormir y tuvo mucho tacto durante toda la noche y por la mañana durante el desayuno. Pero, desde que se fue no me ha escrito por iniciativa propia, solo ha contestado correctamente cuando le he escrito y me ha dado evasivas cuando le he dicho de quedar. No entiendo por qué ese cambio de actitud, sobre todo porque la mayoría cuando no quiere nada serio se comporta de una forma más fría y distante para que no te hagas ilusiones.

Se me ocurren dos respuestas posibles. La primera: que no se lo pasó tan bien contigo como tú con él y por eso no tiene interés en volver a verte. La segunda (y que por mi experiencia es la que creo más probable): en realidad, que se esforzara en la cama no tiene nada que ver contigo, sino con él mismo. No lo hizo para conquistarte, sino porque le apetecía, porque es su manera de disfrutar, para sentirse mejor. El hecho de que tú disfrutases tanto es para él un reconocimiento, pero eso no quiere decir que quiera repetir. Seguramente necesita a alguien nuevo para demostrarse lo estupendo que es.

¿Será inseguro?

He quedado con un hombre que me gusta mucho pero, después de liarnos, no he sabido nada de él. Creo que se siente inseguro y por eso no me importaría llamarle, pero mis amigas me dicen que, si el tipo quiere, volverá a contactar conmigo. ¿Y si cree que no tengo interés porque no doy señales de vida? ¿Debería hacerle saber que me me gusta para hacerle sentir más seguro?

Me temo que coincido con tus amigas: si tiene interés volverá a llamarte. Sería diferente si él hubiera intentado liarse contigo y tú le hubieras rechazado, pero si no fue el caso, si triunfó, ¿por qué habría de sentirse inseguro? En todo caso, si quieres mándale un mensaje diciéndole lo bien que te lo pasaste y espera a ver qué te contesta. Es importante que sea por escrito: deja que medite la respuesta que quiere darte y actúa en consonancia.

¿Me puedo retractar?

He pasado una noche absolutamente extraordinaria con un tipo que conocí ayer mismo por Tinder, no hemos dormido nada porque el deseo no nos permitía parar. Nunca había sentido tanta química con nadie: creo que entre nosotros hay algo especial, y él también piensa lo mismo. El problema es que yo le dije que yo no estoy hecha para relaciones serias y ahora me apetece algo más que un polvo con él, pero me temo que no me va a creer y se pensará que le voy a ser infiel. ¿Qué hago, tengo derecho a retractarme?

Por supuesto. Tienes derecho a retractarte y luego, si quieres, a echarte atrás. Solo faltaría. Pero entiende que debes cuidar tu estrategia porque él seguramente se ha formado una imagen de ti como alguien volátil. Además, sin ninguna duda debió de sentirse herido cuando te comentó sus sentimientos y tú le paraste los pies en seco. Mi consejo es que quedes con él en un sitio público, no en vuestras casas: quedar para hablar, no para follar (al menos, no inmediatamente). Explícale que lo que te dijo ha calado en ti. Que en realidad tú también intuías sentimientos y que te asustaste y por eso reaccionaste así. Dile que crees que ambos os merecéis una oportunidad (ojo, el plural es importante, que se sienta partícipe de esa decisión). Muy mal se tiene que dar la tarde para que no terminéis desayunando juntos.

¿Pido la cuenta?

Anoche quedé con un chico para cenar. Propuso pagar la cena a medias, pero me pareció muy cutre y me presté a pagarla yo, incitándole a él a pagar las copas de después. Mientras las tomábamos, se fue fumando mi paquete de tabaco y, cuando lo acabó, sacó el suyo de la cazadora. Yo estaba bastante alucinada, pero necesitaba un poco de sexo y acabé invitándole a mi cama. Para rematar, por la mañana me pidió dinero prestado para un taxi. ¡Y encima me ha seguido escribiendo para quedar otro día!

Ostras, ¡menudo crack! Pues sí que te ha salido caro el calentón. Mira, a ese tío no le interesas lo más mínimo porque de lo contrario hubiera intentado quedar bien, dejarte una buena imagen suya. Y evidentemente no ha sido el caso. Así que procura ver el lado positivo: aún te ha salido barato librarte de él. Y además has aprendido una valiosa lección: al próximo que te robe tabaco, te levantas y te vas. Pero primero asegúrate de que te ha devuelto el mechero.

Es que no me gusta que me cojan de la mano

De vez en cuando quedo con un hombre con el que parece que todo fluye, al menos mientras estamos en el bar, porque luego le doy la mano por la calle y se sacude diciéndome que no le gusta ir de la mano. ¿Qué tiene de malo ir de la mano después de darnos el lote?

Se me ocurren cuatro posibles respuestas a tu problema: 1) estás saliendo con un adolescente, pero dudo que sea el caso ya que has empleado la palabra «hombre»; 2) le intentas coger de la mano en un barrio donde vive una ex suya u otra mujer por la que siente interés y no quiere que le fastidies sus posibilidades con ella; 3) es un ninja y necesita tener las manos libres ante un posible ataque enemigo; o 4) no le gustas lo suficiente y no está por la labor. Me inclino por esta última respuesta. Porque, aunque hay gente a la que le cuesta mostrarse afectuoso en público, me cuesta creer que algo tan inocente como cogerse de la mano sea tan insufrible si la persona que lo hace te gusta aunque sea un poco. A no ser que estéis a 40 grados y sudando como pollos, en cuyo caso me inclinaría por pensar que eres un pelín lapa.

¿Por qué teme que nos vean juntos?

He empezado a salir con una chica que me gusta muchísimo. Ella me escribe mensajes todo el tiempo y parece que yo también le gusto, pero nunca quiere que vaya a su casa y por la calle se niega a cogerme de la mano y camina separada porque su ex novio (con el que cortó hace muy poco) vive en el mismo barrio y tiene miedo de que nos vea. ¿Es eso normal? Cuando le pregunto, dice que no quiere volver con su novio, pero no me suena convincente y se enfada cuando saco el tema. ¿Qué opinas?

Ay, amigo mío, en este caso no sé si es cuestión de

género porque yo misma fui víctima de un tipo parecido, que me condenaba a cenar siempre en mi casa para que no nos vieran por ahí los amigos que tenía en común con su ex. El colmo fue cuando se negó a celebrar conmigo su cumpleaños por el mismo motivo: vete preparando para lo peor. Mi conclusión es que la gente así necesita tiempo para superar su separación, pero probablemente no sepa estar a solas o lo odia; con lo cual, te está utilizando para entretenerse, pero tú acabarás siendo solo una relación-escondite, antes de que vuelva con su ex o encuentre a otro con quien no tenga reparo en darse el lote por la calle como salvajes. ¡Ánimo!

Me encantas, pero...

Nos conocemos de hace muchos años y siempre me gustó. Desde el verano pasado me llama de vez en cuando, siempre en fin de semana, de noche y, normalmente, algo alegre. Pasamos la noche juntos y me dice que le encanto, pero cuando le he dicho de quedar algún día para cenar y tal me dice siempre que tiene mucho lío, que ya me llamará ella. Supongo que debería conformarme con lo que hay, que no está mal, pero si no hay posibilidad de que seamos algo más, ¿por qué me repite tanto lo de «me encantas»?

Oye, pues tiene toda la pinta de que eres un hombre objeto. ¿No te parece maravilloso? Le encantas, seguramente, se refiere a tu cuerpo, tu piel, tu cara, tu pene y tu forma de tocarla en la cama, y eso ya le va bien. Pero para quedar a intimar, conoceros y subir un escalón no parece que le encantes tanto. Es probable que ella esté enamorada de otro con el que no puede intimar, por eso puede disfrutar del sexo reiteradamente contigo sin pillarse. También lo hace porque sabe que tú siempre estás disponible. A lo mejor, si te hicieras un poco el ocupado, el duro o el pasota, le picaría haber perdido al fan e iría a por ti. ¡Prueba a decirle que no un par de veces o tres!

4

Los problemas crecen

Te odio = Te quiero

Tengo un rollo con una tía que es un quiero y no puedo, un Te odio pero no puedo evitarte, Te mataría pero me encantas. ¿Qué coño nos pasa a los dos?

Pues que os fastidia admitir que os ponéis enfermos el uno al otro, que hay una química que no sois capaces de aniquilar ni con lejía ni con distancia ni con tiempo, que sois demasiado orgullosos para confesar que os gustáis más allá de lo esperado, y que justamente es ese odio el que hace que aún os deseéis más fervientemente. Porque si resolvierais llevar una relación estable y dejaros de tonterías, desaparecería esa tensión sexual del encuentro y el desencuentro, la pelea y la reconciliación, la desaparición y la búsqueda posterior, y ya no fornicaríais desesperadamente como verdaderos bonobos. Por lo demás, no pasa nada. ¡Disfrutadlo!

Entre la pasión y la estabilidad

Estoy entre los dos prototipos de hombres opuestos. Uno es el seductor, atractivo, esa alma gemela con la que tengo una química sexual apabullante e irrenunciable, pero con el que la estabilidad sentimental es una utopía porque aparece y desaparece cuando le viene en gana. Hacemos planes para realizar cosas juntos, como vacaciones, etc. Pero al final no los cumplimos porque uno de los dos se repliega y desaparece por miedo a pillarnos más. En el otro extremo está el hombre bueno, no tan perfecto físicamente, con el que me siento cómoda, tengo muchísimos gustos en común que compartimos sin complicarnos la vida, porque nos tratamos como amigos, y con el que todo me resulta fácil. Quizá demasiado fácil, porque siempre está a mi disposición, a veces incluso llega a agobiarme. Me resulta imposible olvidarme del otro, pero sé que el amor es más probable y realista con este. ¿Me estoy condenando a mí misma al aburrimiento con tal de tener una relación sin altibajos ni vaivenes?

Pocas cosas más tristes que la sensación de que nos estamos conformando, ahí estoy de acuerdo contigo. Que nos conformamos con un trabajo que no nos gusta, con un piso que es el que no queremos, con una ciudad que no es para nosotros o con una pareja que no nos hace vibrar. Sin embargo, tú misma te delatas con tus palabras: asocias aburrimiento a falta de altibajos. Pues te diré una cosa: una relación tipo montaña rusa puede hacer gracia al principio, pero pronto la realidad acaba por imponerse y ese vértigo puede convertirse en pesadilla. Por mucho que nos guste el subidón de perder la cabeza por alguien, siento decirte que no se puede vivir así para siempre. Tenemos que ir al súper a comprar papel higiénico y kiwis, pasar la revisión del coche e ir al bautizo del niño de un primo que no te cae ni medio bien.

Entiendo que ese hombre que te provoca hormigueos en el cuerpo es una fantasía, un paréntesis del mundo real; pero seguramente estar con él no te parecería tan maravilloso en el momento que le vieras pasarse la seda dental o hablarle a la tele cuando juegue su equipo favorito.

Por otro lado, no puedes resignarte a estar con el otro hombre solo porque te da buena vida, porque eso sería egoísta por tu parte y muy injusto con él, que seguro que se merece algo mejor. Así que mi consejo es que escojas no escoger. Pasa de ambos. Deja de repartirte entre dos hombres que no te llenan al completo y dedícate un tiempo a ti misma: intenta llenarte en solitario, sin ayuda. Apuesto a que dentro de un tiempo tendrás las ideas más claras y sabrás qué necesitas realmente.

Pasiva-agresiva

Mi chica se pasa el día soltándome frases del tipo «¿esa camisa te vas a poner?», «¿vas a salir otra vez con tus amigos?, recuerda luego lo mal que te pones», «¿ya estás en casa?, como no me has dicho nada», etc... Y así me tiene controlado siempre, pero como lo hace de esa

manera tan suave, no sé ni cómo protestar. Ayuda, por favor.

Vaaaaya, te tocó la novia manipuladora, alguna tendría que quedar como resquicio del pasado. Imagino que imitará a su madre y a su abuela, que eran incapaces de vivir sus vidas felizmente, dejar a sus parejas vivir su individualidad a su manera y necesitaban marcarles como si fueran hijos en vez de sus maridos. En fin, qué le vas a hacer, si estás enamorado, mi consejo es que pongas límites y le digas que 1) Sí, te pones lo que te da la gana y haces lo que te da la gana. 2) No tienes que darle explicaciones de lo que haces o dejas de hacer porque eres un ser autónomo y no su otra mitad. 3) Que se controle a sí misma antes de hablar en lugar de controlarte a ti, y que si se aburre, se busque hobbies, amigas, etc. para tener otras cosas que hacer mejores que estar pendiente de lo que haces tú. Si todo esto no funciona y sigue mangoneándote como si fuera tu madre, plantéate que hay otras mujeres en el mundo que tienen vida propia y no necesitan un muñeco vudú en el que proyectar sus frustraciones personales. Y andando.

No quiero seguir a mi pareja a otra ciudad

Me ha costado muchos años llegar al puesto en el que estoy, cobro muy bien, estoy valorada y soy independiente económicamente. Pero trasladan a mi marido a una ciudad que está a mil kilómetros y quiere que lo deje todo y le siga. Le he planteado mis dudas y se ha pillado un rebote importante: dice que no le apoyo en un momento tan importante para él, que soy egoísta porque solo miro por mi carrera, y que lo que hacen todas las mujeres es seguir a sus maridos, que para eso son el cabeza de familia. Yo no debo de ser la mujercita perfecta, pero es que me parece que esos conceptos están muy anticuados y nadie tiene que renunciar a su realización para que el otro se realice a su costa. ¿Estoy equivocada por darle prioridad a mi independencia? ¿Por qué no puede renunciar él y me coacciona para que lo haga yo?

Perdona, pero me parece que estoy leyendo una carta de hace 50 o 60 años. ¿Tu marido es Don Drapper? Realmente no sé siquiera cómo tienes dudas. La actitud de tu señor esposo me parece tan retrógrada que me provoca vergüenza ajena. Ese rol patriarcal es insultante y no deberías tolerarlo. Creo que ante actitudes así la única reacción legítima es plantar cara. Ánimo.

Los regalos

Nunca acierto a la hora de hacer regalos, pero es que nunca. Cuando le pregunto a mi chica qué quiere para su cumple o Navidad, me dice que si me lo dice no tiene gracia. Y es que ella espera que le regale algo súper especial y con significado, ¿pero no entiende que yo no sirvo para esas cosas? ¿No sería más fácil que me diera una lista de opciones? Así yo no me estresaría y ella no volvería a decepcionarse.

Pues la verdad es que sí, que sería lo más fácil para todos, pero, bueno, a la chica le gustan las sorpresas, así que mi sugerencia es que pases todo el tiempo que estés con ella atento a lo que le gusta y le apetece, apúntalo en una lista y tacha lo que veas que ya se ha comprado. Con la lista final, haz una última comprobación y, si no lo tiene, cómpraselo.

Otra opción es que el regalo sea un cupón para la peluquería y hacerse algún tratamiento estético o masaje, que seguro que en algún momento tiene que ir, o llevarla a su tienda favorita para que se pruebe lo que le mole y elija y se lo pagas, o te la llevas de viaje sorpresa a un lugar que sepas que le va a encantar. Esas propuestas no suelen fallar.

Si aun así no aciertas, es que se está pasando de exigente y entonces ya sí le explicas tu sistema y le comentas que, en vista del resultado, mejor que haga ella la lista y santas pascuas.

Te quiero pero no estoy enamorado

Estuve saliendo con un chico durante un año, en plan serio, incluso nos fuimos a vivir juntos y él pagaba el alquiler. Nos encantaba compartir actividades, excursiones, comer bien, el sexo era fenomenal. Hasta que un día me dejó y se volvió con sus padres porque me quería pero no estaba enamorado. El caso es que sigue viniendo a buscarme al trabajo, llamándome, viene a casa y cocina para mí, y de vez en cuando nos acostamos, pero luego me deja claro que no hemos vuelto. Si se preocupa por mí y está claro que le atraigo y me quiere, ¿por qué no puede todo volver a ser como antes?

Pues a mí me da la impresión de que él ya te ha dado la respuesta: te quiere, le gustas, disfruta de tu compañía y del sexo contigo, pero no está enamorado. No son cosas incompatibles. Hay gente que necesita sentir siempre esa intensidad del enamoramiento, esa exaltación, las mariposas en el estómago, esa flojera de rodillas al ver a la persona amada. Quizá podrías explicarle que no se necesita sentir eso constantemente para ser feliz, que incluso puede ser contraproducente, pero me temo que no serviría de nada, tiene que llegar a esa conclusión por sí mismo. Lo que sí puedes hacer es plantarte y cerrarle la puerta. Porque él está siendo muy egoísta contigo y, mientras siga consiguiendo lo que necesita de ti, no lo apreciará en su justa medida. Dile que necesitas más de él y que, si no te lo puede ofrecer, es mejor seguir caminos separados. Tú no puedes poner tu vida en espera por nadie. Quizás así acabe por valorar lo que tenía contigo. Y si no, al menos recuperarás el control de tu vida.

La novia perfecta, pero para luego

Tengo la novia perfecta: es dulce, inteligente, guapa, muy cariñosa, comprensiva, buena persona... Soy muy consciente de la suerte que tengo. Lo que pasa es que soy joven y me siento atraído por otras chicas. Me gustaría poder tomarme un par de años para ir a mi aire y ligar todo lo que pueda, pero luego volver con ella. Soy consciente de lo egoísta que suena, pero es lo que siento. Lo que pasa es que no sé cómo decírselo. ¿Cómo hago para pedirle que me espere?

Te voy a decir yo que tienes más morro que espalda para que no te sorprenda escucharlo por primera vez cuando te lo suelte ella. Entiendo que, por tu juventud, quieras vivir la vida y pulular por ahí, pero parece ser que ha llegado tu momento de aprender que todo a la vez no se puede. O ligues o novia. Se ve que ya has sopesado ambas opciones en la balanza y tu novia no ha podido con el peso de todas las niñas monas que te esperan por doquier.

Bien, no pasa nada, es tu decisión, pero asume que la perderás. Aunque le propusieras que ambos os deis libertad para disfrutar durante un par de años con otras personas y ella aceptara, creo que le será difícil olvidar que la has dejado para ir de flor en flor porque ella no era suficiente para ti. Muy posiblemente, si es tan maravillosa, encontrará a otro más maduro que la valore más que tú y no la deje escapar, y cuando regreses dentro de unos años harto de fornicar a diestro y siniestro, te hará un corte de mangas histórico y bien merecido.

Pero no pasa nada, de todo se aprende. Después de vivir todo esto, apreciarás más a las mujeres maravillosas que pasen por tu vida y ya no te apetecerá tanto polinizar, así que quizá ya entonces estés preparado para tener la relación que ahora mismo no puedes tener con esta joyita. Tú disfruta de la vida sin mirar atrás ni adelante. Y folla como si no hubiera mañana ¡pero con preservativo!

Me da igual

Salgo con un chico desde hace pocas semanas. Ayer, después de cenar con unos amigos, le llamé para reunirme con él que iba a un concierto. Le dije que si quería, iría, y si no, me marcharía para casa. Me contestó que le daba igual, que él estaba aún allí con una amiga y que pensaba seguir de fiesta, que hiciera lo que quisiera. Puesto que le daba igual, pasé de ir. Sin embargo, hoy él me ha escrito como si nada. ¿Es eso normal y yo estoy paranoica?

Por un lado parece evidente que él prefería que no fueras al concierto, de lo contrario te lo habría pedido. Pero por otro también puede haber sido una torpeza inocente por su parte: hay que tener en cuenta que solo lleváis unas semanas saliendo, os estáis conociendo y aún no habéis adquirido un grado de compromiso significativo. Antes de que tu enfado se enquiste, háblalo directamente con él, pero sin montarle un pollo, por favor. Simplemente dile que te hubiera apetecido ir al concierto con él y, cuando te pregunte por qué no lo hiciste, dile que tuviste la impresión de que él no quería que fueras y que preferiste dejarle espacio. Aquí, como siempre, el uso de las palabras correctas es esencial: al decir que preferiste dejarle espacio no parece que estés despechada, sino que fuiste prudente. Y a ver cómo reacciona él: si se pone a la defensiva, es muy probable que durante el concierto estuviera más pendiente de su amiga que de la música.

¿Qué te pasa? NADA

«¿Estás enfadada? No. ¿Pues pareces enfadada? ¿Lo parezco? Sí, ¿lo estás? No lo sé, ¿debería estarlo? No lo sé, ¿por qué estás enfadada? Por nada. Por nada no será, estarás enfadada por algo, ¿no? Ah, si tú no lo sabes...» Esa es una conversación habitual con mi novia que me tiene frito, me pone enfermo y no alcanzo a comprender. ¿Por qué narices no explica lo que le pasa desde el primer momento?

Honestamente, las mujeres debemos aprender a comunicar lo que nos pasa sin hacernos las interesantes. Es una llamada de atención para que te preocupes por ella y estés encima. Yo que tú le diría que para ahorraros horas perdiendo el tiempo en la elucubración, porque a ti te afecta y ella no obtiene lo que quiere, podría explicarte lo que le trastorna y hablarlo para encontrar una solución juntos cuanto antes. Dile que no eres adivino ni tienes sus procesamientos mentales, así que necesitas que ella te lo aclare para poder resolver. Cuánto antes te lo explique, antes estaréis bien, que es de lo que se trata. El «Ah, si tú no lo sabes» es cruel porque te está condenando a examinar todos tus comportamientos al dedillo, cuando, seguramente, tú has actuado sin darte cuenta de que le podía molestar. Si intuyes lo que le pasa, es que sí que has hecho algo que no correspondía. Si no, no te dejes manipular. A las mujeres no nos ponen los manipulables.

Agua y aceite

Yo soy de cine, ella de teatro. Yo soy de AC/DC, ella de Belle And Sebastian. Yo soy de Alan Moore, ella de Anne Tyler. Yo soy de acostarme tarde, ella de madrugar para ir a correr. Ya te haces una idea. La cuestión es que antes ella me implicaba en sus planes, pero ahora ya ni lo intenta. ¿Significa eso que he ganado o que he perdido?

Pues míralo por el lado bueno: tienes toda la independencia para hacer lo que te dé la gana como si no tuvieras una relación, pero con la ventaja de tenerla. Porque imagino que por lo menos coincidiréis para intercambiar flujos, ¿no? Si no, vete a un concierto heavy y échate otra novia, porque con esta ya parece que no tenéis nada que compartir. Y hombre, está bien que cada uno mantenga su espacio y sus hobbies, pero si no hay ciertos puntos de encuentro en común, como por ejemplo la cama, para qué perder el tiempo.

¿Cómo puedo hacer que se abra emocionalmente?

Estoy saliendo con un hombre que, en mi opinión, es un analfabeto emocional: le explico las cosas que siento pero es incapaz de corresponderme y contarme las que siente él. Se lo guarda todo herméticamente y eso me impide entender qué le pasa, no sé a qué vienen sus reacciones o sus desapariciones, porque no se abre nada, siento que hablo sola y que, mientras no baje las barreras, no podremos avanzar como pareja. ¿Cómo puedo hacer que no me trate como si fuera una extraña con la que folla?

Lamentablemente, sigue habiendo hombres que repiten los comportamientos de sus padres, una generación que en muchos casos no sabía (o creía que no debía) abrirse y mostrar sus sentimientos. Si ya lo has hablado con él y sigue sin darse por aludido, tal como yo lo veo solo tienes dos opciones: 1) sigues con él y asumes que la banda sonora de vuestra relación será el «Enjoy the silence» de Depeche Mode; o 2) te largas con la música a otra parte. Si optas por esto último, explícaselo de tal forma que entienda que te marchas por sus carencias emocionales, pero que no parezca que le estás abroncando o lanzando un ultimátum: dile que necesitas más que lo que él está dispuesto a darte y que estás cansada de sentirte mal. Si te aprecia lo suficiente, seguro que te pedirá que le des otra oportunidad y prometerá cambiar. Y si se obstina en mantener silencio, alégrate por la vida tan triste de la que te acabas de librar.

Mis cosas, tu espacio

Soy de fácil acomodo. Por eso, cuando mi chica nos dijo de ir a vivir juntos, le dejé que ella eligiera barrio, piso y que lo arreglara a su gusto. Pero ahora me encuentro que no hay espacio para mis cómics y mis cosas. Le digo que no me ha tenido en cuenta para nada y me recrimina «falta de interés». ¡Tócate los huevos! ¡Encima que le he dejado hacer lo que le diera la gana! Total, que tuvimos una pelotera de miedo. Y ahora estamos viviendo juntos pero tan enfadados que no sé si vamos a poder superar esto. ¿Cómo vamos a hacer para gestionar este rencor?

A quién se le ocurre. Dejar a una mujer que lo elija todo sin tu intervención es una carta blanca que te puede salir carísima. Le has dado libertad absoluta y ella la ha utilizado y, si querías que te dejara espacio para tus cosas, tendrías que haber ido con ella, haber reivindicado muebles y cajones que podías necesitar, y no venir ahora que ya está todo montado a decir que no te caben tus cómics. Va, no, fuera de bromas. Entiendo cómo te sientes y ella ha sido bastante egocéntrica y egoísta, como si se fuera a vivir sola con su perro, que no tiene opinión.

Pero si os queréis, estaría bien que hablarais y reformularais el plano de la casa en común para que tú tengas el espacio que necesitas. Comprar una estantería nueva, que ella vacíe armarios y se lleve pertenencias a casa de sus padres para que tú puedas poner las tuyas. Intentad encontrar soluciones juntos para que eso no acabe como una batalla campal y tengáis que pagarle los desperfectos al propietario del piso, encima.

¿Dónde y cuándo es recomendable hablar?

Me revienta que mi pareja no me mire a la cara cuando hablamos de temas íntimos, desvía la mirada,

es como si ocultara algo o le diera miedo lo que pueda pensar. Si le saco un tema importante en la mesa, me dice que no es el momento, pero en la cama es peor porque dice que le corto el rollo, y después del sexo, necesita dormir. A veces, a oscuras, sin mirarme a los ojos, se sincera y me cuenta, pero no sé cómo, dónde o cuándo es oportuno abordarle para que se confiese sin miedo, con confianza en mí.

Para empezar, ¿quién le ha otorgado la potestad de decidir cuándo es buen momento para hablar algo o no hablarlo? Efectivamente, tal como ya sospechas, esa actitud delata algún miedo o un secreto. Pero, antes de crucificar al muchacho, permíteme decirte que no te conozco y no sé si eres de esas personas obsesivas que va por la vida dando la turra a martillo pilón. Si no es el caso y tenéis temas pendientes que necesitas hablar, díselo tal cual sin presiones ni reproches. Dile que intentas ponerte en su lugar, pero que te resulta imposible sin su ayuda. Hazle saber lo frustrante que te resulta querer entenderle y no conseguirlo. Y prométele algo si hace ese esfuerzo por ti (pues sí, se trata de manipularlo como si fuera un crío). Oye, y si después de esto sigue cerrándose en banda, igual es que tiene otra familia en otra ciudad o que es un testigo protegido perseguido por la mafia.

Ojalá nos hubiéramos conocido antes

No sé qué clase de relación tengo con ella: llevamos viéndonos cerca de cuatro meses, y cuando parece que estamos mejor, ella va y suelta frases del tipo «ojalá nos hubiéramos conocido antes», «qué lástima no haberte conocido en otro momento de mi vida». No sé si eso significa que no tenemos futuro, o que necesita tiempo, un descanso, qué se yo. Y soy un cobarde porque no me atrevo a preguntárselo por miedo a que me dé con la puerta en las narices. Ayuda.

Hombre, pues ese «ojalá» viene a decir que tal y como está ella actualmente, no le es posible tener una relación saludable. Plantéate si quieres estar con una persona para quien cualquier tiempo pasado fue mejor y, en lugar de pensar que tiene suerte de disfrutarte en el presente y eso es un buen motivo para animarse a vivir juntos el futuro, está regodeándose en su victimismo y proyectándotelo. Al menos podría sufrirlo en silencio, como las almorranas, pero parece que te quiere advertir subrepticiamente de que, en cualquier momento, lo deja, y tú deberías saberlo porque te mandaba señales.

5

El sexo lo complica todo

Mis labios y los suyos

Esto va a parecer una sobrada, pero me encanta hacer cunnilingus, es lo que más me excita del mundo. Pero mi nueva novia no me deja, me pregunta que cómo es que no me da asco y, cuando le digo que me encanta y que lo hago muy bien, se pone muy nerviosa y celosa y se cierra en banda. Estoy muy frustrado y no sé cómo hablar con ella. Hostia, que no le voy a hacer nada malo. ¿Alguna sugerencia?

Quizá tu novia ha tenido alguna experiencia desastrosa en cuanto al cunnilingus se refiere y no le gustó nada o le hicieron alguna herida con los dientes o la barba... O tal vez no está acostumbrada a recibir con tanta devoción como le pones tú, y le resulta muy incómodo tenerte ahí amorrado al pilón durante demasiado rato porque a ella le cuesta desconectar y abandonarse al placer.

No son pocas las mujeres que sienten asco al pensar

en una comida de coño, al fin y al cabo, el clítoris ha tenido históricamente muy mala prensa y a nosotras nos han hecho sentir nuestras partes como algo sucio, así que nos cuesta asimilar que a vosotros os encante y lo hagáis por gusto y no por cumplir y/o recibir una felación a cambio.

Hazle entender que para ti sería un placer darle placer, que a ti te pone hacerlo personalmente, que no esperas nada a cambio, que sabes que ella siempre está limpia como una patena y que te dé una oportunidad y, si no le gusta, te convencerás de que no puedes hacérselo ni proponérselo más. Es una pena que la chavala desperdicie tu generosidad, díselo de mis partes.

No quiere usar condón

Estoy empezando a enrollarme con un chico pero tengo un problema enorme y es que no se quiere poner el preservativo porque dice que se le baja, que no está acostumbrado y no los soporta. Me pide que me tome la píldora, pero es que no tenemos una relación estable y, teniendo en cuenta que no se lo pone con ninguna, tengo miedo de que haya cogido cualquier infección por ahí y me la contagie. Por no ponerme en lo peor y pensar en el VIH. ¿Cómo le convenzo para que acepte protegerse para estar yo protegida?

Pues negándote a hacerlo sin. No te queda otra. Dile que se haga la prueba del VIH y que, hasta que no recibáis los resultados, tus piernas están cerradas a cal y canto. Que yo entiendo que sentimos más placer sin condón, pero hacerlo sin es una ruleta rusa, una estupidez, una inconsciencia, y con la salud no se juega. Además, existen condones súper sensibles, que se gaste el dinero. Y, a malas, déjale a dos velas hasta que entre en razón y ya verás como más pronto que tarde las ganas hacen que se le quiten las manías.

Mi pareja es asexual

Mi novio es perfecto. Es el hombre tranquilo, respetuoso, generoso, lógico y dialogante que todas deseamos tener. Perooooooooooo, no le gusta el sexo. Pasa. Podría estar meses sin hacerlo, pero como yo soy muy sexual, me concede el deseo de que lo hagamos los viernes. Eso quiere decir que si el viernes mis amigas quedan, yo no voy porque, de lo contrario, ¡me quedo una semana sin follar! He hablado con él pero no le apetece más por mucho que me esfuerce. Y yo le quiero. ¿Le doy celos a ver? ¿Me rindo y lo dejo o me busco un amante?

Las necesidades sexuales de cada persona son diferentes y, probablemente, invariables. No va a sentir más deseo sexual por mucho que te pongas lencería cara, cosa que nos da igual: nosotros lo que queremos es el caramelo, no el envoltorio. Diría que el problema no eres tú, sino de que él es así, y tu libido es inversamente proporcional a la suya.

En este caso, sin que sirva de precedente, puesto que ya te has sincerado con él y lo que necesitas es más contacto carnal y más pasión, no un vibrador, creo que tienes licencia para buscarte un amante que te complemente en ese aspecto, visto que él no puede hacer nada por ayudarte.

También puedes optar por dejarlo, estar sola y desfogar tu pulsión sexual con quien te plazca. Solo tú conoces tus prioridades: actúa en consecuencia.

Me duele la cabeza

Sí, mi mujer es una de esas a las que siempre les duele la cabeza cuando les propones sexo. Sé que solo es una excusa, de lo contrario la habría llevado al médico hace tiempo. Pero necesito saber qué le pasa, por qué nunca le apetece, por qué no me explica el verdadero motivo de su negativa al sexo.

Si te pone la excusa de que le duele la cabeza, convéncela de que el mejor analgésico es el orgasmo. Si sabe lo que es un orgasmo, muy loca tiene que estar para rechazarlo. Si no le duele la cabeza (a mí no me ha dolido jamás), tendrá que buscar otra excusa rápidamente en su cerebro. Y como es difícil que la halle, aprovecha la ocasión para que se sincere: ¿por qué no quiere hacerlo conmigo? Pregúntale, también con absoluta humildad por tu parte, si es que acaso no haces lo que a ella le gusta, si preferiría que hicieras algo en particular, o cambiaras alguna forma de hacerlo... Porque igual estás tú ahí venga a dejarte la lengua haciendo cunnilingus y a ella lo que le pondría es que le pellizcaras los pezones, que, no es por nada, pero están conectados con la misma área del cerebro que el clítoris.

Solo piensas en sexo

Llevamos viviendo juntos más de un año. Al principio era todo maravilloso, lo hacíamos todo el tiempo, ella siempre ha sido muy fogosa. Pero últimamente me dice que me calme, que solo pienso en el sexo, que con una o dos veces a la semana ya es bastante. Y si insisto, me manda a la mierda. ¿Eso no es señal de que se está viendo con otro? ¿Y si resulta que viene a casa «servida»?

Mmmmm, podría ser que estuviera con otro, claro, y es algo que estaría bien que le preguntaras nada más que para ver qué cara pone, porque los ojos no engañan. Pero también puede ser que en este momento de su vida no necesite tanta frecuencia, los humanos no solemos estar siempre igual, vamos pasando etapas, y en cuestión de hormonas no hay ninguna ley fija. Las mujeres fluctuamos por ciclos menstruales en los que el deseo sexual pasa del «Te destrozaría a todas horas hasta no dejar de ti ni las espinas» al «Como te acerques y me toques un pecho, te corto la mano con una katana». A eso súmale que la pasión enfervorecida del enamoramiento va diluyéndose con el tiempo y la rutina no es el mejor de los afrodisíacos.

Él quiere ser swinger

Llevamos 30 años con mi marido y nuestra sexualidad ha decaído bastante, aunque de vez en cuando aún nos da algún arrebato y él dice que le sigo atrayendo. Pero me ha propuesto que vayamos a algún club de intercambio de parejas para probar a ver si nos da morbo, si nos atraen otras personas y volvemos a retomar la pasión del principio. Sus argumentos son buenos, porque afirma que así no son cuernos, que lo estamos disfrutando juntos, y que es mejor que acabar él yéndose de putas y yo buscándome un amante, con lo bien que nos llevamos. A mí me convence racionalmente, pero emocionalmente no sé si soy capaz de verle en brazos de otra. ¿Debería probar para darle otra oportunidad a nuestra historia?

Amiga, esa es una decisión que debes tomar por ti misma. Seguramente se pueden encontrar tantos argumentos a favor como en contra. Todo depende de vuestro carácter, de la pasta de que estéis hechos. Por ejemplo, yo no podría. Lo pasaría fatal y sin duda me afectaría. Pero tengo una pareja de amigos que lo practica y no entienden mis reparos. Sin embargo, si decides hacerlo, que no sea por miedo a perder a tu marido. Él no tiene derecho a ponerte en esa tesitura. Y si decides que quieres hacerlo por probar, porque realmente te apetece, entonces tienes que ser consecuente: luego no puedes reprochárselo a tu pareja. Por eso mi consejo es que pactéis unas reglas con las que os sintáis cómodos. Por ejemplo, tú decides con quién se puede acostar él. Y al revés. Así estaréis involucrados en la decisión del otro.

¿Si se le baja es que no le gusto?

He sentido un flechazo brutal y mutuo con un chico que conocí por una red de contactos. Hemos dormido juntos y hemos alcanzado un nivel de intimidad que hacía tiempo que no sentía, como si fuéramos pareja ya. No queríamos separarnos pero teníamos que ir a trabajar. El caso es que no hemos podido llegar a la penetración porque a él se le bajaba todo el rato, y no sé si es que no le atraigo, ni sé cómo abordarlo, pero me siento insegura y poco atractiva, a pesar de los abrazos y los besos que me daba.

Tengo una buena noticia para ti: probablemente es todo lo contrario. Puede que lo que le pase es que le gustas mucho. Me explicaré. Asumiendo que él no tomó drogas ni un exceso de alcohol, el siguiente sospechoso habitual de la lista «anula-erecciones» es el estrés, la presión por cumplir. No es raro que cuando una chica te gusta mucho, la primera vez que estás con ella sientas tantas ganas de impresionarla, de hacer la actuación de tu vida, que puede ser contraproducente. Así que no te sientas culpable. ¿Sabes lo que se aconseja hacer si te caes de un caballo? Volver a subirte cuanto antes. Proponle quedar de nuevo y no os centréis en la penetración. Pídele que te acaricie, guíale las manos, los dedos, que él sienta que te está haciendo disfrutar, y ya verás como pronto el resto de su cuerpo se sumará a la fiesta.

El antídoto contra los gatillazos

Hace poco conocí a una chica que me encanta. Estuvimos toda la noche besándonos y yo estaba súper excitado. Pero cuando ella me propuso ir a su casa, me puse nervioso y luego en la cama fui incapaz de funcionar, ya sabes. Ella dijo que no importaba, pero ahora siento tanta vergüenza y miedo a que se vuelva a repetir otra vez que no me decido a llamarla. ¿Qué hago? ¿Os importa o no?

Esto es un clásico, no te sientas solo, la presión por quedar como un macho dominante y empotrador tiene que ser insoportable. Nosotras, como buenas víctimas del patriarcado que somos, lo comprendemos y os valoramos mucho más allá de que se os levante el miembro como el mástil de un velero, de verdad. Muchas veces, el simple hecho de sentir el tacto, el afecto y el cariño, y por qué no, el deseo, del hombre que nos gusta, ya nos compensa.

Ahora bien, tampoco vamos a ir aquí de monjitas de la caridad. Por supuesto, cuando nos atrae un hombre, deseamos sexo. Y eso es posible si nos relajamos y dejamos de centrarnos en la penetración. El pitocentrismo ha hecho un daño irreparable y el único antídoto es hacer bien el amor. Me voy a explayar, atentos porque esto va a suponer un antes y un después en vuestras vidas, chicos.

Llegamos al lugar de los hechos y al momento clave. Comes boca, con fruición, como si tuvieras un hambre canina, comes boca, sigues por el cuello, te lo comes también. Bajas por el escote y te regodeas en las tetas. Horas, si quieres. Los pezones están conectados con la misma área del cerebro que el clítoris, así que podemos tener un orgasmo solo con que nos devoren bien las tetas y nos sepan tocar los pezones. Si no sabes, prueba y pregunta, no hay lección más fácil de explicar que esa.

A estas alturas deberías haberte olvidado de que tienes pene, pero sigues, sigues mordiendo, lamiendo, con devoción, de las orejas a los pies, ¡juega! Y como tienes mucha sed, te apetece un coño, que ya estará como un abrevadero de patos, bebes, y bebes, y vuelves a beber, como los peces en el río. Es muy probable que ella se corra como una salvaje y con eso la tengas saciada un buen ratito, de modo que puede tomar las riendas y dedicarse a comerte y a lamerte a ti enterito como una bulímica ante un helado de Nutella. Déjate hacer, relájate, no tienes que hacer nada, ni dar ninguna talla, ni pensar, ni NADA. Disfruta. Desconexión total. Sin obligaciones.

Si se te levanta, pues lo aprovechamos. Si no, ¡déjala en paz! ¡No la sobes más! Tiene que ser súper agobiante ser rabo y que te machaquen de esa manera tan compulsiva. Si te place, dormimos para que descanse la cosita y ya vemos si por la mañana se levanta animada con ganas de hacer la cucharita. Y si no, pues seguimos jugando, hay que sudar las sábanas. Lo importante de verdad es que acabemos la cita de forma divertida y no traumatizados porque no has culminado el polvo bombeando.

En serio, el polvo es todo el conjunto, no os sintáis con la obligación de taladrarnos como una perforadora urbana, no es necesario; nosotras solo esperamos que le dediquéis a nuestro cuerpo la devoción que se merece, igual que deseamos dedicarnos con esmero al vuestro (si nos dejáis). Centrarse en los genitales es una metonimia que nos hace desperdiciarnos. Una caricia en la cadera, un lametón en la ingle, una lengua hasta la garganta... nos ponen muchísimo más cachondas que sentir vuestras manos ocupadas en agarraros a las caderas para clavarla mejor, como si no hubiera nada más que un nabo tapando un agujero.

Y, seguramente, cuando os estéis divirtiendo como enanos, el pequeño ego hará acto de presencia y querrá entrar en el canal de Suez con fluidez y entereza.

¿Por qué quiere ver cómo me masturbo?

Mi novio me pide que juguemos en la cama a ver cómo nos masturbamos cada uno y luego a masturbarnos el uno al otro, pero a mí me da mucha vergüenza que vea cómo me lo hago, y con él prefiero la penetración. ¿Para qué quiero su dedo pudiendo tener su pene dentro? Me parece un desperdicio de energía.

Pues mira, no puedo estar menos de acuerdo contigo. Primero, porque hay poquísimas cosas más excitantes para un hombre que ver cómo su chica se masturba para él. Que ella se despoje de rubores y prejuicios y le muestre ese momento tan íntimo es un regalo. Un precioso regalo. Además de ser educativo, porque cada mujer tiene su forma de tocarse, y así él puede aprender qué es lo que prefieres, conocer tu ritmo. Y segundo, y parece mentira que un tío te tenga que decir esto: para la penetración siempre hay tiempo. El cuerpo humano tiene tantas posibilidades de dar y obtener placer que ¿por qué limitarse a una? De hecho, masturbarte puede ser un perfecto preliminar antes de la penetración. Y piensa que lo que sí sería un triste desperdicio es no sacarte todo el partido posible.

¿Se masturba porque no tiene suficiente conmigo?

El otro día noté que mi novia se masturbaba en nuestra cama creyendo que yo ya dormía. Lo hizo de forma muy sigilosa, y me imagino que no podía aguantarse las ganas, así que no entiendo por qué no había intentado antes hacerlo conmigo. ¿Será que ya no le atraigo o que no le dejo satisfecha? ¿Por qué prefiere hacérselo sola?

¿Tú no te masturbas desde que tienes novia? ¿Con ninguna de tus novias has tenido ganas de masturbarte a solas a pesar de tener una sexualidad digámosle «divertida» con ellas? Si tu respuesta es que sí que lo has hecho, solo recordarte que las mujeres somos también seres humanos con las mismas necesidades sexuales que los hombres. Si tu respuesta es que jamás te has masturbado teniendo pareja, tampoco es razón para preocuparte por lo que hace tu novia. Tocarse a una misma no es serte infiel, la necesidad de procurarse placer a uno mismo existe aunque estemos contentísimos con nuestra pareja, porque la manera en que lo disfrutamos, la desinhibición, los trucos que tenemos cada uno son diferentes. La introspección es imprescindible para conocerse a una misma. ¡Y para luego compartirlo mejor!

Mi masturbación es mía

Mi pareja insiste en que me masturbe delante de él, porque le da mucho morbo, pero a mí me corta, me cuesta mucho tener un orgasmo si sé que él me está mirando, y no creo que vaya a llegar un momento en el que me apetezca porque para mí es algo muy personal y de mi esfera íntima, ¿cómo hago para que no se lo tome como una falta de confianza hacia él?

Tal como he dicho en una respuesta anterior («¿Por qué quiere ver cómo me masturbo?»), entiendo perfectamente a tu chico. Ver a tu chica tocarse frente a ti es bonito, súper sexy y demuestra una entrega que nos vuelve locos. Pero si para ti resulta tan incómodo, explícaselo: dile que vas a tocarte un rato para él, pero que debe entender que no vas a llegar hasta el final porque te bloquea la situación. Si quieres, puedes probar una solución intermedia que te ayude a sentirte más cómoda. Apagad la luz de la habitación, si acaso que entre un resquicio de luz por la puerta, y tócate con él al lado. Que no pueda ver más que el contorno de tu cuerpo, pero que pueda escucharte, sentir tu respiración y tu calor. Puede ser una situación excitante para los dos y te ayudará a ganar confianza y a demostrársela a él.

¿Por qué se toca mientras la penetro?

Mi mujer se masturba desde que la conozco y siempre me ha parecido muy curioso, incluso se acaricia el clítoris mientras yo la penetro, lo cual me desconcierta bastante porque es como si yo no fuera capaz de darle el placer al completo.

Tu sensación es comprensible pero muchas veces nosotras necesitamos tocarnos mientras os tenemos dentro por varios motivos. Uno: No tenéis el gacheto-brazo como para llegar desde la postura en la que estemos hasta la vulva, mientras que nosotras siempre la tenemos a mano (nunca mejor dicho). Dos: Muchas veces vosotros tenéis las manos ocupadas en el culo o, con un poco de suerte, en las tetas, y como no sois un pulpo, no podéis llevar los dedos al único lugar que nos proporciona el orgasmo: EL CLÍTORIS. Además, si una mujer se conoce, sabe perfectamente cuál es la presión, el ritmo y la cadencia que necesita para orgasmar, en tanto que a vosotros adquirir esa pericia os tomaría bastante tiempo y una no quiere pasarse un año fornicando sin correrse. Podríamos morir de desesperación. Así que disfruta de que tu pareja te dé la libertad de movimientos y, si tanto te apetece, pídele que te enseñe a masturbarla igual que ella a sí misma.

No quiero herir su ego

Mi novio se siente herido en su ego cuando me masturbo mientras él me penetra, pero es que no entiende

que no es que él no me llene, sino que las mujeres necesitamos que nos estimulen el clítoris exteriormente. Yo siento que a él eso, cuando está en plena excitación, no le preocupa, no es su prioridad, pero yo necesito llegar al clímax igual que él. ¿Qué puedo decirle para que lo entienda sin que se sienta mal ni ofendido? No sé cómo abordarlo.

¿Que qué le puedes decir a tu novio? Prueba con las siguientes frases: «cariño, tu polla no es mágica. No basta con que me la metas para transportarme al País De Me Derramo Toda». Vamos a ver, parece mentira que a estas alturas aún tengamos estas inseguridades. Tu sexualidad no es propiedad de nadie más que de ti y él no puede pretender ser el dueño de tus orgasmos. Se trata de disfrutar juntos, de compartir intimidad, que no es poco, y no de apuntarse tantos. De la misma forma, quizá deberías emplear mucho tacto para aclararle que no llegas al orgasmo cada vez que le haces una felación, no vaya a ser que se lleve un disgusto, pobre muchacho.

Fingir el orgasmo

¿Realmente tantas chicas fingen el orgasmo? ¿Por qué? ¿No veis que así estáis perpetuando un error fatal para vosotras y también para nosotros?

Pues sí, un desastre, nos hacen un flaco favor a todas sus congéneres y a vosotros, porque seguís felices en vuestra inconsciencia de que ignoráis casi todos los resortes y secretos del orgasmo femenino. Con tal de no haceros sentir mal, poco habilidosos o egoístas, fingen para que acabéis pronto y os quedéis tranquilos para no tener que soportaros mucho tiempo ahí con la tuneladora percutiendo como sádicos.

Lo cierto es que es incómodo tanto aguantar las embestidas como deciros que así no vais a conseguir sacar ni oro ni un poco de flujo. Pero deberíamos hacerlo todas con delicadeza, y explicaros dónde y cómo necesitamos que nos toquen. Y vosotros deberíais preocuparos más, preguntar abiertamente, escuchar, seguir instrucciones y dejaros guiar por la mano experta y amiga. Desde la modestia y no desde el ego masculino, que ya sabemos que es muy susceptible.

Mi pareja es bi

Mi chica es bisexual. Es una cosa que yo ya sabía e incluso me resultaba sexy. La cuestión es que me ha dicho que echa de menos estar con una mujer y me ha pedido permiso para salir de ligue una sola noche; dice que para ella no sería infidelidad. Entonces le he propuesto que hagamos un trío y se ha enfadado, dice que eso sí sería infidelidad por mi parte. ¿Cómo se entiende eso?

La infidelidad es un concepto relativo y cultural, de eso no hay duda. Pero tu chica lo interpreta a su antojo porque le conviene. Entiendo que sienta el deseo, y que eso no tiene por qué interferir en vuestra relación, porque es absolutamente diferente la sexualidad con una mujer, pero eso no quiere decir que quiera un trío. Quiere disfrutarlo en su intimidad. Lo de que sería infidelidad por tu parte supongo que se basa en que tú eres hetero y con ella ya tienes cubiertas tus necesidades, pero ella no al ser bi. Explícale que tú no deseas a la otra, que lo que quieres es compartir esa intimidad con ella. Y, de paso, dar salida a tu morbo, que es muy lícito, ojo. Igual tenéis que redefinir los parámetros de vuestra sexualidad y vuestra fidelidad y abrir el círculo.

El amigo gay

Estoy saliendo con una chica y me gusta muchísimo. Todo va muy bien entre nosotros, salvo una cosa: no soporto la relación que tiene con su mejor amigo. Son súper cariñosos entre ellos, siempre se están sobando, se dicen guarradas, ¡él incluso le toca las tetas con el rollo de que es gay! Y no puedo con eso. ¿Cómo hago para decírselo o, si no puede ser, para sabotear su relación?

¿Tenemos claro que el amiguito no es bisexual? Si fuera bisexual, no se harían esas muestras de afecto o como quieras calificarlas, delante de ti, no van a ser tan descarados. Seguramente se tocan como dos amigas porque saben que es totalmente inofensivo, que no hay ningún tipo de atracción sexual entre ellos y, por tanto, no se sienten incómodos por tocarse partes más íntimas mutuamente. Tú te sientes así porque no ves inocencia ni amistad sino sexo, y si lo sientes, es válido y necesitas expresárselo a ella. No obstante, ten en cuenta que la chica puede aclararte que no es de tu propiedad y puede hacer con su cuerpo y con sus amigos lo que le plazca.

En cualquier caso, pregúntale por qué lo hace, si es una necesidad o si no tiene importancia. Si es para ella vital y no puede dejar de hacerlo por consideración hacia ti, tendréis que analizar por qué le resulta tan vital si la intimidad la tiene contigo. Si no tiene importancia, interpreto que no le costará mucho dejar de sobarse con él y hacerlo más con su pareja.

¿Para qué quieren saber mis fantasías?

Me resulta muy curioso que muchos hombres me pregunten por mis fantasías eróticas o me hagan cuestiones muy personales como si he hecho un trío en la primera noche que compartimos. Me ponen en una situación conflictiva porque temo que me juzguen por mojigata o por libertina, y no quiero que ese prejuicio marque la relación que podamos llegar a tener juntos. ¿Por qué lo hacen? ¿Qué se supone que debería contestar teniendo en cuenta el doble rasero generalizado?

La respuesta corta: porque les pone cachondos.

De todas formas, que hagan esa pregunta revela más de ellos que de ti, decidas responder o no. Francamente, si una chica me gusta de verdad, nunca le preguntaría sus fantasías en la primera noche, y mucho menos si alguna vez ha hecho un trío; me parece una falta de respeto, una torpeza grave. En cambio, si solo la veo como un polvo de una noche, entonces quizá sí le preguntaría por sus fantasías si ella parece receptiva al tema, porque me da igual lo que piense de mí y no tengo interés en un futuro común. Se trata de vivir el momento y, luego, cada mochuelo a su olivo y si te he visto no me acuerdo. De la misma forma que es más fácil confesar un secreto o una pena a un extraño al que nunca más vas a volver a ver que a un amigo. Así que si un tipo al que acabas de conocer te interroga así, debes preguntarte si estás ante un imbécil, un maleducado o ante alguien al que no le interesas lo más mínimo. Y una vez tengas la respuesta, actúa en consecuencia.

Sus fantasías

En el terreno sexual soy bastante fogoso. Desde unos meses salgo con una mujer que ha estado muchos años casada y que conmigo parece cohibida. He intentado que se relaje compartiendo con ella mis fantasías, pero cuando le pregunto las suyas, se limita a decir que no tiene ninguna, que a ella lo que le gusta es estar conmigo. Lo cual es agradable, pero, vamos a ver, ¿cómo no va a tener ninguna fantasía? ¿Es eso posible?

En el mundo de las fantasías eróticas nada es generalizable. Me creo perfectamente que haya personas que no las tienen desde el momento en que hay personas que se declaran asexuales, que es una lástima. Pero allá ellos. La cuestión es que a tu compañera le pueden pasar dos cosas: una, que tenga fantasías muy anodinas, tipo pensar en ti mientras se masturba a solas en su casa; dos, que tenga fantasías tan gamberras que le da vergüenza explicártelas porque necesita mucho más tiempo, intimidad y confianza para desvelar sus secretos. Las mujeres tenemos miedo de que nos juzguen por nuestros deseos ocultos, que se piensen que estamos taradas o que somos unas guarras. Así que hasta que no estamos mil por mil seguras de que el hombre nos querrá independientemente de lo calenturienta que sea nuestra mente, preferimos guardar silencio y decir chorradas como que lo que nos pone simple y llanamente es estar a vuestro lado. Como si el romanticismo fuera morboso...

Sexo violento

Mi chica me confesó que su fantasía es que me haga pasar por un violador y un día la aborde por sorpresa, le arranque la ropa y me la folle sin miramientos en el rellano, incluso con un punto de violencia. Pero, carajo, es que a mí no me sale, me incomoda mucho el tema violador, me parece espantoso. ¿En serio eso os gusta a las chicas? No me atrevo a preguntárselo a mis amigos porque entre nosotros no hablamos de las fantasías de nuestras parejas.

La fantasía de la violación sexual es la más popular entre las mujeres españolas y las explicaciones llegan a ser hasta históricas. Tiene que ver con la pérdida del control, con no tener más remedio que dejarte hacer. Pero sin meternos en la raíz del asunto, que no viene al caso, te consolará saber que tu chica no es la única, ni es rara ni es masoquista. Es solo una fantasía, como demuestra el hecho de que quiera probar únicamente contigo, jamás una mujer desearía que le sucediera algo tan dramático y traumático de verdad; pero hacerlo contigo es una escenificación controlada en la que puede sentir el morbo que le da imaginárselo pero con la seguridad de salir ilesa y bien servida.

Tómatelo como un juego, como una obra de teatro en la que tú interpretas un personaje y permaneces todo el rato atento a sus reacciones, no sea que el miedo por el realismo supere a su curiosidad y necesite que pares. Aclara con ella previamente las señales que te dará en tal caso, para que todo esté realmente bajo control. Y trata de divertirte, actúa, aprovecha para explorar el personaje y tu faceta de macho dominante, ¡lo mismo te gusta y repetís! Y si no te gusta durante el propio acto, respétate a ti mismo y para. Así ya sabrás cuáles son tus límites.

Sexo silencioso

Mi chica es sexualmente muy abierta y fogosa, pero en silencio y en los límites del dormitorio. Quiero decir que si antes de dormir le entro, ella es una máquina, pero si después le digo cómo me ha gustado tal cosa, o si le hago alguna broma sexual, se enfada un montón y me recrimina que sea vulgar. Pero para mí hablar del sexo es parte de la experiencia. ¿Soy yo el raro o lo es ella?

No hay nadie raro mientras folléis. Lo importante es

disfrutar haciéndolo, y compartir gustos en común, el hecho de hablar luego de ello con más o menos humor es insignificante si la conexión física permite que no haya que aclarar ciertas cosas ni analizar los detalles para mejorar en próximas ocasiones. Quiero decir, si alguno de los dos se quedara a dos velas, lo lógico sería hablarlo para buscar soluciones y ver qué necesita cada uno. Pero si os lo pasáis de maravilla juntos, ¿para qué darle vueltas? Hazle las bromas sobre otro asunto y celebra que solo se cierre en banda para bromear pero no para practicar.

Mi novio es adicto al porno

Hace unas semanas descubrí que mi novio entra en webs porno prácticamente a diario, por el historial de google. No estaba fisgando, fui a buscar una búsqueda mía anterior y me encontré con la sorpresa. Normalmente lo hace cuando yo no estoy en casa, a juzgar por las horas, pero algunas noches se levanta cuando estoy durmiendo y prosigue. El caso es que conmigo no tiene ganas de hacer nada, ni siquiera es que el porno le inspire para luego ampliar nuestro repertorio, creo que se la machaca tanto que no le queda nada para mí. ¿Qué me sugieres hacer para que esto no acabe con nuestra relación? ¿Por qué prefiere ver actrices porno a tocarme a mí?

No sé si esto te sorprenderá o no, pero la mayoría de hombres se masturba regularmente, tengan pareja o no.

Y eso no supone que tengan un problema ni mucho menos que sufran una adicción. Y te aseguro que no hay sentimientos implicados en ello.

Ahora bien, si tu novio prefiere jugar al cinco contra uno a tener sexo contigo, entonces sí hay un problema, y puede que serio. Quizá se ha perdido en ese mundo de fantasía y no sabe regresar a la realidad. Para la mayoría de hombres el porno es una herramienta para un fin, pero para otros es un fin en sí mismo, una evasión: inmediata, sin complicaciones ni repercusiones; puro egoísmo. Hace poco vi un documental donde un joven japonés aseguraba que prefería tener sexo con prostitutas antes que con su novia porque llegaba cansado a casa y no quería tener que esforzarse en darle placer a ella, temía decepcionarla. El porno también puede cumplir ese papel de sustituto. Por eso mi consejo es que cojas el toro por los cuernos y lo hables con él: dile (sin reprochárselo, que no se sienta atacado) que últimamente te sientes abandonada y que sabes a qué dedica el tiempo libre. Si resulta que no es capaz de abandonar sus hábitos, entonces os aconsejo buscar la ayuda profesional de un sexólogo.

Porno interracial

Me encanta ver porno, pero solo vídeos de chicas asiáticas, a poder ser enrollándose entre ellas. Mi novia me pilló un día y al principio le hizo gracia, pero al descubrir que mi gusto en pornografía se limita a chicas orientales se enfadó muchísimo: que por qué no me

busco una china, que si me estoy conformando con ella y barbaridades por el estilo. **¿Cómo lo arreglo?**

Madre mía, con qué absurdeces se ponen celosas las mujeres, a todas luces arrastramos unos problemas de inseguridad que son fatídicos para las relaciones. A ver, el porno tiene que ver con tu intimidad individual, que está totalmente separada de la intimidad con ella. Pregúntale que si ella no tiene fantasías y si te responde que sí, entonces hazle ver que tú también podrías pensar que es porque no tiene bastante contigo o porque tú no le haces lo que ella desearía. Como seguramente te dirá que eso es diferente, le señalas que ella se inspira en sus fantasías y tú en el porno, que vienen a ser equivalentes. El hecho de que te pongan las chinas tiene que ver con la fama de sumisas y de vagina china, vagina estrechita, eso es saber popular. Dile que con ella no necesitas que sea sumisa porque te gusta en todos sus roles, y que su vagina es perfecta así, y te va como anillo al dedo, pero que cuando te matas a pajas te gusta ser tú el que domina a la actriz que te importa un pito y te encanta pensar que la tiene compungida como un ano. Sin mayores consecuencias para ella.

Colegialas en faldita corta

Tengo fantasías recurrentes con colegialas, con lolitas. Pero son solo eso, fantasías, algo que no sale de la estricta intimidad de mi mente. El otro día le compré un vestido de colegiala a mi mujer, que además tiene un cuerpo pe-

queño, perfecto para jugar a roles. Le sentó fatal, me dijo que si no tenía bastante con ella, que si estaba aburrido de nuestra vida sexual que necesitaba recurrir a eso. Solo le faltó llamarme pederasta. Me sentí muy mal, sucio. ¿Cómo hago para explicarle que solo la quiero a ella pero que quiero ampliar nuestro «repertorio»?

Ay, hijo mío, le podías haber consultado a ella antes de irle con un vestido de colegiala japonesa. Se te habrá imaginado viendo pelis porno de lolitas con los ojos rasgados y de ahí que te haya preguntado si no tienes bastante con ella. Reconócele que no tuviste el colmo del tacto pero que, con ese cuerpo tan perfecto que tiene, habías visto el vestido en un escaparate y te la habías imaginado preciosa con él y te habías puesto tan cachondo que no lo habías podido evitar, pensando que a ella, que siempre es tan abierta contigo sexualmente, le gustaría jugar un poquillo con algo nuevo y divertido. Pero que si no quiere, no pasa nada, vas a ser feliz igual y la vas a desear de la misma manera porque lo que más te pone es desnudarla. Y si eso no te funciona, ponte tú el vestidito y hazle una broma, ¡para que se le pase el mosqueo!

Tengo parafilias y una chica clásica

Resulta que tengo varias parafilias. Eso no impide que pueda practicar sexo de una manera, más, bueno, más habitual. Pero a mí lo que realmente me pone es chupar pies y que me ahoguen cuando llego al orgasmo. El problema es que he empezado a salir con una mujer que es más bien tradicional en el sexo y tengo miedo de asustarla, porque a parte de eso me gusta mucho y no quiero perderla.

Bueno, lo de los pies supongo que no le chocará tanto como lo de tener que ahogarte, que, sea más o menos clásica, es algo que impacta, sobre todo porque da miedo. Si te ahoga de verdad, ¿te imaginas cómo se sentirá esa mujer el resto de su vida? No tiene que ser nada agradable asfixiar a tu pareja, ni el percal de llamar a la ambulancia y explicarle lo sucedido, ni plantearte si deberías presentarte ante la Policía a declarar que lo has ejecutado tú con tus propias manos pero porque él te lo pidió. Hay personas a las que están juzgando por haber asistido a su ser querido a practicar la eutanasia, imagínate si ni siquiera es por una razón ética sino por placer sexual.

Fuera de todo juicio, que a mí las parafilias de cada uno me parecen estupendas mientras no perjudiquen a terceros, mi opinión es que desarrolles con ella la sexualidad que podáis juntos sin efectos colaterales para la dama. Y, si necesitas seguir disfrutando de tu hábito, busques a una profesional que sepa cómo realizarlo sin riesgos. No es necesario que se lo cuentes, tómatelo como ir a un podólogo, no hay nadie más que te pueda hacer eso como un especialista.

La indiscreción de las mujeres

Me encanta follar al aire libre. El rollo clandestino de hacerlo en un parque o en la playa y que te puedan

pillar me pone una cosa mala. Y a mi novia no es que le disguste, pero siempre soy yo el que lo propone. El otro día estaba ella con unas amigas y al llegar yo una de las chicas dijo: «Mira, Enrique, unos arbustos, no te vayas a excitar.» Y todas se partieron de risa. Me quedé de piedra. No supe qué decir. ¿Qué mierda es esa de las chicas de explicaros vuestra vida sexual? Eso algo privado. ¿Es que no os dais cuenta de lo que nos incomoda a nosotros?

Ay, *brother*, es que creo que nos han reprimido durante tanto tiempo que, ahora que por fin nos hemos soltado la melena, somos casi más brutas que vosotros hablando de sexo. Y no nos callamos una, es cierto, si nos vierais por un agujerito hablar de tamaños, de empotramientos y de cantidad de orgasmos por noche o de nuestros consoladores, alucinaríais. Lo sentimos, necesitamos desahogarnos, compartir experiencias, es algo que hemos hecho toda la vida con otros temas y ahora tampoco nos cortamos con los detalles sexuales. Lo cierto es que nosotras lo tratamos con total naturalidad, y por eso, sin malicia, bromean contigo sobre tus preferencias tan a gusto. Si consideraran que es algo negativo, no te harían coñas y, probablemente, no te hablarían porque les caerías fatal. Así que tómatelo como una señal de que las amigas de tu novia te aprecian y tienen la confianza contigo como para chotearse un poquillo al respecto. ¡Échale humor, muchacho!

6

Los complejos físicos

Me avergüenzan mis lorzas

La operación bikini este año me ha pillado como un toro embolado y me veo yéndome esta semana a reunirme en la playa con mi novio (después de un par de meses sin verle) con unas lorzas que me hacen sentir muy insegura. Tengo miedo de no gustarle, y encima teniendo en cuenta que durante las vacaciones solemos comer y beber mucho más. No quiero que conozca esta faceta acomplejada de mí, pero no la puedo evitar si pretendo seguir con él. ¿Y si me rechaza sexualmente porque no le atraigo con estos kilos de más?

Te aseguro que si lleváis dos meses sin veros (es decir, sin tocaros), tu novio te va a mirar como si fueras oro puro y te va a arrancar la ropa tan rápido que vas a sentir que ha pasado un tornado. El rechazo sexual está descartado, quítate ese miedo. ¿Acaso tu vas a dejar de desearlo si resulta que él ha engordado este tiempo? Mira, cuerpos perfectos hay muy pocos, y los que hay son aburridos. Lo que hace memorable a un cuerpo es la persona, no sus medidas. Nos acordamos más de ese lunar en el hombro, de ese hoyuelo, del tacto del muslo o el sabor de su cuello. No sientas vergüenza de tu cuerpo y disfrútalo, déjate llevar: no hay nada más sexy que eso. Además, a pesar de esa imagen estándar de la mujer que nos vende la publicidad, esa fantasía estilizada, si preguntas a los hombres te aseguro que la inmensa mayoría preferimos sentir a fantasear.

¿Estoy gorda?

Estoy saliendo con una chica que oscila un montón de peso cada tantas semanas o meses, con dietas y suplementos, etc. Ella no lo lleva bien, pero cuando me pregunta si está gorda me pone en un compromiso porque tampoco le puedo decir que está delgada, sabría que le estoy mintiendo. ¿Qué se dice en estas ocasiones?

Si una chica te dice «Jo, me estoy engordando un montón», seguramente espera que le digas que está estupenda, que a ti te encanta como es y que no le dé importancia a esas tonterías. NUNCA le digas que sí, que es verdad. Si es algo muy evidente, esquiva el tema o ayúdala a ir bajando peso yendo a correr o a hacer senderismo o a nadar, si es lo que ella decide. O dale mucho sexo, que adelgaza.

¿Me dejará si me engordo?

Estoy tonteando con un chico que me gusta mucho pero él está muy obsesionado con la perfección física, considera una falta de respeto salir con alguien estando bien y luego engordarte. Yo tengo tendencia a engordar, aunque ahora estoy muy delgada, pero claro, tengo miedo de que si me vuelvo a engordar con el tiempo, me deje porque ya no soy la Barbie con la que empezó. Y eso me frena para lanzarme a la piscina con él. ¿Me arriesgo, a ver si él madura y cambia su forma de valorar el físico de las personas?

Huye, corre. Corre como el viento y no mires atrás. Si el tipo solo aprecia el exterior es que él no tiene nada más que ofrecer. Es como preferir el papel de envolver al caramelo, la cáscara al plátano. Alguien así va a estar más pendiente del espejo que de ti. Y en el momento que se le cruce alguien que responda más que tú a su ideal, te va a dejar por ella, porque para llenar ese vacío interior necesita tener nuevos estímulos. Lo más triste es que su vida está condenada al fracaso, porque el tiempo siempre gana. Por otra parte, si tú misma te das cuenta de que es un inmaduro y de lo vacuo de su forma de ser, ¿por qué quieres estar con él? ¿No será que lo único que te atrae de él es el físico? Si es así, tienes dos opciones: 1) enróllate con él para quitarte el picorcillo de encima y luego pasa de él; o 2) mejor abre un libro y comienza a entrenar tu belleza interior.

¿Que si Jennifer López tiene el culo gordo?

Mi novia tiene la paranoia de fijarse en el físico de todas las mujeres, y me sale con cuestiones que a mí me dejan flipado y me ponen en un compromiso, porque no sé qué le puede sentar mal si le contesto con sinceridad. El otro día me preguntó si creía que Jennifer López tiene el culo gordo, supongo que comparándose, porque ella lo tiene contundente. ¿Qué debo decir en estos casos para no molestarla?

Esta es una pregunta trampa, aunque no sé muy bien por qué las mujeres tenemos que preguntar estas obviedades. Claro que os gusta el culo de Jennifer López y cualquier buen culo al que agarraros. Como eso no se lo debes decir, porque la sinceridad es un arma de doble filo y, en este caso, es innecesaria, limítate a contestar que el físico de esa mujer es el de una artista que vive de él, y por tanto lo tiene que tener perfecto, mientras que a ella la valoras por el conjunto de su cuerpo, su mente y su personalidad, que a ti con el suyo te basta y te sobra, que eres muy feliz con ella y no necesitas ni verla por la tele porque te da igual, ni te va, ni te viene. Es más, el otro día viste en una revista en casa de tu madre que salía en portada con toda su celulitis, o sea, que tampoco es tan extraordinario. Y luego coges y le demuestras lo que deseas hacer con todo su cuerpo para que se olvide de sus complejos.

Deberíamos ponernos a régimen...

Mi marido se está poniendo bastante rollizo, como si se hubiera acomodado porque ya estamos casados, ya me tiene asegurada y no necesita atraerme físicamente para tener sexo de vez en cuando. Se está dejando, y a mí eso me aleja, con lo bueno que estaba antes, ahora me parece físicamente cada vez más desconocido, no le deseo como antes, aunque le quiero como persona y, de momento, todavía como pareja. ¿Cómo lo afronto sin hacerle daño? ¿Le sugiero que nos pongamos a régimen los dos a la vez?

Nadie escoge estar gordo. Ocurre porque nos alimentamos mal, por no saber de nutrición, porque no tenemos tiempo para hacer ejercicio, por emplear la comida como un consuelo, porque el placer de comer enmascara el estrés o la angustia, por desidia, porque uno se relaja y cuando se quiere dar cuenta cuesta mucho recuperar la forma, por falta de voluntad... Seguro que cada caso responde a su propio problema o a una combinación de varios. Por ello, lo ideal para perder peso es acudir a un especialista y buscar las razones en uno mismo. A veces lo que más cuesta es la motivación, y para ello tu marido cuenta contigo. Lo de sugerir poneros a dieta los dos me parece una excelente idea. También podéis realizar actividades físicas juntos, como hacer senderismo, jugar al tenis, bailar, lo que os apetezca. Será también una buena manera de aumentar vuestra complicidad y pasar más tiempo juntos. En cuanto él empiece a perder algo de peso, alábaselo. Dile que está más guapo, emplea ese refuerzo positivo en lugar del negativo de decir que ya no le deseas. Antes consigues mover a un burro con una zanahoria que dándole palos. Además, las zanahorias son muy saludables y tienen muy pocas calorías.

¿El tamaño importa?

Nunca he tenido una palabra de queja, pero me consta que mi pene es normalito y, sin embargo, el ex novio de mi chica (con el que he compartido vestuario) calza como un caballo. ¿Y si resulta que ella no disfruta conmigo como con él?

Te mentiría si te dijera que no va a notar la diferencia, como si te soltara la típica mentira piadosa de que el tamaño no importa. Eso lo confesamos todas en la intimidad de nuestras borracheras. BUT. La buena noticia es que cuando estamos enamoradas no va a ser por una cuestión de centímetros que dejemos a una pareja en condiciones. Todas coincidimos en que si el hombre sabe moverse bien y aprovechar su pene para jugar y rozar todas las paredes vaginales, muchas veces es mejor que uno que ocupa toda la vagina y simplemente entra y sale como una taladradora. Si además es generoso y sabe utilizar otros miembros, como la lengua y los dedos, ya tiene todos los puntos para que nos quedemos a su lado y no echemos de menos nada. Cuando el caso es extremo, siempre se puede jugar mucho con todas las zonas erógenas y recurrir a los toys sexuales para que la mujer tenga cubierta su necesidad final de rellenar su vacío interno. ¡Tú juega, juega mucho a gozar juntos!

Tengo las tetas pequeñas

Estoy quedando con un chico para conocernos, pero ahora llega el calor y el momento «¿Vamos a la playa?». A mí me da mucha vergüenza porque no me ha visto desnuda y yo tengo poco pecho y los pezones demasiado grandes. Con los sujetadores y la ropa se disimula perfectamente, pero en la playa no va a haber manera, y temo que no le vayan a gustar mis tetas y salga espantado. ¿Cómo os gustan a los hombres los senos?

Pues he consultado las hemerotecas y resulta que jamás en la historia se ha dado el caso de que un hombre salga huyendo al ver unas tetas, así que por ahí quédate tranquila. Ahora en serio: por supuesto que te va a mirar los pechos, los hombres estamos programados para eso, pero al igual que va a mirar el resto de tu cuerpo: con deseo, con curiosidad, con ganas. El tamaño de tus pechos no va a hacer que le gustes más o menos. Y si sirve para relajarte, piensa que de la misma forma él también puede sentirse incómodo ante la idea de presentarse ante ti en bañador: porque le sobren kilos o le falten, por tener las piernas demasiado delgadas, faltarle músculo o sobrarle pelo en zonas en que no es habitual lucir pelo. Para buscarnos defectos y castigarnos a nosotros mismos todos valemos. Así que quítale hierro a la situación. ¿Sabes qué sería estupendo? En cuanto os quitéis la ropa, dale un fuerte abrazo y luego dile: «Uy, perdona, espero no haberte ahogado con mis tetazas.» Ya verás como le vas a arrancar una carcajada. Y estoy bastante convencido de que si miras a su bañador, ya habrá una parte de su cuerpo que estará sonriendo.

Pechos operados

Mi novia se quiere poner tetas. Y seguro que muchos tíos estarían encantados con esa idea, pero yo no. Y se lo digo, pero ella actúa como si creyera que se lo digo por pena, como si me estuviera conformando con ella. Y es verdad que tiene poco pecho, pero me encanta tal y como es. Y detesto las tetas operadas, son antinaturales, y delatan inseguridad, y la inseguridad no es sexy, me mata la libido. Como mujer, ¿me puedes dar un argumento sólido para convencerla de que no lo haga?

Llevar silicona dentro tiene que ser realmente desagradable, así que interpreto que cualquiera que se plantee el implante y la operación pertinente y el dineral que cuesta, debe de tener un complejo importante que no se le pasará por el hecho de que su novio le asegure que así está estupenda. A ella le da igual que a ti te guste, porque ella no se gusta, y esa inseguridad solo se quita yendo a terapia para que te enseñen a aceptarte a ti misma, porque en esta vida, con la edad, todo va a tender a peor, y si vas poniendo parches estéticos porque no te gustan tus cambios, puedes acabar como Cher o Melanie Griffith.

Lo que puede salvarla de someterse a ese atentado contra su propio cuerpo es que le guste aún menos tener esos dos globos duros e inmóviles dentro. Quiero decir, que a nivel estético ella se imagina que le va a quedar infinitamente mejor, que por fin se va a sentir completa. Pero quizá la sensación al tocar eso, al sentir esos dos objetos extraños dentro, en contacto con su piel, le parezca aborrecible.

Con lo cual, para prevenir, mi sugerencia es que la lleves a la playa y observe cómo queda eso de artificial, y consigas que alguna conocida que las tenga operadas le permita tocarlas y sentirlas realmente como son, sin idealizaciones. Dudo mucho que la mayoría de las mujeres que se han aumentado el pecho hayan tenido la precaución de amasar unas previamente, y quizás alguna habría cambiado de opinión en lugar de arrepentirse después.

Si eso no surte efecto, prueba a implorarle que no se las ponga mientras estéis juntos porque a ti te encanta así y de la otra manera no la vas a reconocer como la mujer de la que se enamoró con su físico tal cual venía de fábrica. Y si no cuela, pues disfruta de que ella sea feliz, porque igual eso le da la seguridad que le falta. Hasta que se le empiece a caer el culo. Míralo por el lado bueno: sus tetas no sufrirán el efecto de la gravedad nunca.

Te la follarías, ¿no?

Cada vez que vemos una peli o una serie donde sale una actriz guapa, luego mi novia me pregunta: «¿qué, te la follarías, no?». Al principio le seguía el rollo y le decía que sí, a lo que ella respondía con una tormenta de bilis y frases tipo «pero si está toda operada», «pues es una canija» o «pues sigue soñando que una tía así ni siquiera te miraría». Ahora le dijo que no me he fijado y se pilla unos mosqueos del copón. ¿Cuál es la respuesta correcta?

Tu novia tiene ganas de montar pollos. Hay que estar tarada para ponerse celosa de una actriz o una modelo con las que, efectivamente, tú tienes ínfimas probabilidades de poder rozar siquiera. A todas luces, tiene un problema de inseguridad que proyecta indirectamente contra ti para ponerte a prueba y lo que quiere es que tú le jures y perjures que ella es la mujer más perfecta del mundo y jamás, ni aunque te tentara Scarlett Johansson, la cambiarías por ella.

Viste fatal

Este verano conocí a un chico en una playa nudista y me encantó porque tiene un cuerpo perfecto, me atrae mucho sexualmente. El problema fue cuando empezamos a quedar fuera de la playa y venía vestido porque lleva una ropa horrorosa, no me gusta nada su estilo, no tiene ningún criterio para las combinaciones de colores y va hecho un desastre. Yo siempre voy impecable, y, además, por mi profesión, voy a muchos eventos sociales, pero me da vergüenza invitarlo como acompañante, ¡estoy segura de que todo el mundo lo va a mirar y a criticar! ¿Cómo se lo hago ver para que cambie de estilo sin que piense que le quiero cambiar a él en sí mismo?

Te voy a decir una cosa de inicio para que no haya la menor duda: no me caes bien. Seguramente tu correo es el más vanidoso, superficial y estúpido de todos los que hemos recibido. De todas maneras voy a aparcar mi asco y voy a contestar a tu pregunta porque puede que haya por ahí alguna buena persona que tenga un problema similar.

Si os acabáis de conocer, no puedes criticarle la ropa porque, evidentemente, le harás sentir incómodo e insultado. Piensa que tener mal gusto para vestir no es una elección que él haya hecho a conciencia. Seguramente es que no le da mucha importancia a la ropa más allá que el hecho de que sea cómoda y de su talla. Ahora bien, si con el tiempo os gustáis y empezáis a salir, entonces puedes sutilmente meter mano en su armario: emplea siempre un reforzamiento positivo: dile lo bien que le sienta tal color o tal tipo de prendas, pídele que te deje comprarle ropa y, poco a poco, edúcale en el vestir. Seguramente él estará encantado de no tener que preocuparse por eso y más que feliz por el interés que muestras por él.

El horror de los tatuajes

No soporto ni los piercings ni los tatuajes: no entiendo esa necesidad de mutilarse. Además, el cuerpo humano es precioso, ¿qué necesidad hay de emborronarlo con tinta? Cuando conocí a mi chica llevaba el dichoso anillo en el ombligo, que a mí me da hasta grima, pero al final me he acostumbrado, aunque si-

gue sin gustarme ni un pelo. Pero ahora ha salido con que quiere hacerse dos tatuajes, uno en cada muslo, para colmo. ¡En la piel suave de sus muslos! Y esto nos va a llevar a una discusión continua, me lo veo venir. ¿Cómo la convenzo de que no se lo haga, por favor?

Tengo una idea: Enséñale fotos de tatuajes que, con el paso y el peso que conlleva la edad y la pérdida de la tersura de la piel, se han quedado realmente dramáticos. Por la calle, en la playa, aprovecha para señalarle todos esos pequeños delfines que, cuando la mujer se ha engordado, se han convertido en ballenas. Y todos esos brazos flácidos con tribales que ahora parece que lloran. Atrae su atención hacia todo *tatoo* que veas horrendo, descolorido y pachucho como una flor mustia. Lo feos que quedan cuando la piel se arruga. Sobre todo, apunta a la tragedia estética de las piernas tatuadas con celulitis y varices. Esa gente se pensó que iba a ser siempre delgada y perfecta y ahora se estará dejando la pasta en quitarse la tinta como buenamente puedan los avances de la aparatología estética para, al final, quedarse con un borrón que semeja un moratón. Si hace falta, llévale a una esteticien donde los quiten, para que le cuenten cómo se arrepienten los que en su día marcaron tendencia. Igual que se lleva a los malos conductores a una planta de rehabilitación de accidentados para que se quiten la idea de ir a 190 km/h por la autovía. Y que tengas suertecita.

¿No me llama por la diferencia de edad?

Hace poco tuve una primera cita con un hombre al que conocí gracias a una página de contactos. Fuimos a cenar y luego a tomar una copa y todo iba de maravilla, parecía que teníamos mucho en común. O eso me pareció a mí. Pero tengo la impresión de que algo se torció cuando le dije mi edad: 44 años (él tiene 35). Cuando nos despedimos, me dijo que podríamos repetir el encuentro y le dije que me encantaría. La verdad es que empecé a hacerme ilusiones, pero han pasado ya 15 días y no he sabido nada de él. Me temo que se ha echado atrás por culpa de nuestra diferencia de edad. O tal vez está esperando que yo le llame a él. ¿Qué debería hacer?

En una ocasión, al actor James Woods le preguntaron por qué, aunque él iba cumpliendo años, siempre salía con mujeres muy jóvenes. Su respuesta fue tajante: «cuando la gente quiere un perro se compra un cachorro, no un perro viejo». Buf. Pues no, el tío no es un modelo de lo políticamente correcto. Pero, aunque muy exagerado, su sentir no va muy desencaminado con lo que muchos tipos piensan. ¿Por qué? Pues supongo que en parte por tradición. Hasta no hace mucho, lo que un hombre buscaba era una mujer con la que formar una familia. Es decir, en edad fértil (sin ir más lejos, mi abuelo se casó con mi abuela cuando él pasaba de los 30 y ella acababa de cumplir los 15, el muy truhán). Aunque en la actualidad la edad del flirteo se ha estirado casi hasta el infinito, en muchos hombres aún queda esa rémora. Mi consejo:

espabila y que le den. ¡Que han pasado 15 días, chica! ¡15 días! El tío pasa de ti. De lo contrario, hubiera dado señales de vida. Así que puerta y a otra cosa. Pero que eso no te chafe. Es cuestión de estadística: no todos los tíos con los que te cruzarás van a ser unos capullos. Lo importante es que tú no eres tu edad: tú eres una mujer con las ideas claras y que va de frente, y, créeme, para muchos hombres eso resulta muy atractivo.

Me encanta el pelo de Fulanita

No sé qué quiere decir mi novio cuando me dice «Me encanta el pelo de tal tía». No sé si no le gusta mi corte y cree que debería cambiar de estilo, me resulta muy confuso. Supongo que no se atreve a decirme que no me queda bien el corte que llevo. ¿Tú qué crees?

Pues yo creo que está muy claro: le gustaría que lo llevaras como ella. Aquí la clave está en el verbo «encantar». Si tú tienes el pelo corto, lo que te está diciendo es que le gustaría que lo llevaras largo (casi todos los hombres preferimos que las mujeres se dejen el cabello largo, nos resulta más femenino). Si no, es que le encantaría «revolverle» el pelo a Fulanita de todas las maneras posibles. En cualquier caso, ¿por qué no se lo preguntas? Si no le gusta cómo lo llevas, me apuesto a que está deseando decírtelo y no se atreve.

7

Las vacaciones (Hola, ¿nos conocemos?)

¿Cómo decidimos las vacaciones?

Mi chico y yo hemos decidido irnos de vacaciones juntos por primera vez, pero a mí me encanta la playa y él la odia, no soporta la arena, le da asco lo sucia que la deja la gente y se pone enfermo con el gentío. El caso es que yo no soy de hacer senderismo ni escalar montañas, no estoy preparada físicamente, ni me entusiasma, ¿cómo llegamos a un punto medio si ninguno estamos dispuestos a ceder?

Pues la cosa está complicada, pero tener pareja significa llegar a acuerdos. Si lo que le da asco es que la arena esté sucia, huid de playas masificadas y buscad alguna cala solitaria. Nuestra geografía está llena de pequeñas playas a las que acuden cuatro gatos. O que se lleve un libro y te espere en el chiringuito mientras tú te tuestas al sol. Igualmente te digo que hacer turismo en la montaña no significa que tengas que escalar el Everest. Puedes darte un paseo por la montaña sin acabar reventada. Y hay multitud de casas rurales y hoteles de montaña que cuentan con piscina y donde te puedes poner igual de morena sin pisar la arena. Si queréis, seguro que encontráis una solución que os satisfaga a los dos. Al fin y al cabo, lo mejor de las vacaciones es pasarlas en buena compañía. Y pensad que mucha gente no tiene el lujo de tomarse unos días al año de fiesta.

Me da mucho pudor ir al baño

Estoy angustiada porque vamos a salir de vacaciones por primera vez con mi chico, con el que llevo unos meses, y no sé cómo vamos a llevar la convivencia tantos días juntos. Lo paso muy mal, sobre todo con el hecho de ir al baño a hacer aguas mayores. Tiendo a tirar de la cadena doscientas veces, a poner el secador a todo trapo para que no me oiga, a abrir los grifos para silenciar el chorrito, pero me da corte hasta tardar, de modo que acabo días enteros con la tripa de una embarazada y lo paso fatal.

Mira, eso nos ha pasado a muchos. Yo la primera vez que tuve novia formal y fui con ella de vacaciones, esperaba a que ella se durmiera para ir al baño. Claro que tenía diecinueve años y era más inseguro. Pero piensa que él también tiene que ir y no por ello tú le vas a mirar de forma diferente, ¿verdad? Todo el mundo necesita ir al baño, incluso Beyoncé y el Papa (no juntos, claro, eso sería muy raro). Mientras no lo hagas con la puerta abier-

ta o presumes luego del resultado («mira, cariño, el peda-
zo de bosta que he soltado, trae la cámara»), no tiene por
qué darte pudor. Piensa que muchísimo peor sería que te
pusieras enferma por no dejar que la naturaleza siga su
curso.

Frío, calor

¿Cómo es que nos enamoramos de personas tan diferentes a nosotros? Yo no soporto el calor. Me deja
chafado, sin ganas de nada. En cambio mi chica es de
pasar vacaciones acampando en el desierto, hacer senderismo por la India y otros suplicios. Yo soy de pasar
agosto por los fiordos noruegos durmiendo en un
buen hotel, por ejemplo. Como se supone que somos
civilizados, partimos nuestras vacaciones en dos: dos
semanas hacemos lo que ella desea, otras dos elijo yo.
Pero lo que pasa al final es que los dos acabamos estre-
sados por las protestas del otro, agotados por intentar
llevar al otro a su terreno. ¿Qué hacemos, hacemos las
vacaciones cada uno por su lado o nos separamos del
todo?

Si el único problema son las vacaciones y en la cama
lleváis bien lo de que uno duerma destapado y la otra con
el nórdico, la solución es que os toméis las vacaciones
como un tiempo de relajación para volver con energías
renovadas y echándoos de menos. ¡Las vacaciones no se
hicieron para sufrir y discutir!

No pasa nada por iros solos o con amigos que tengan

los mismos gustos. Os vais escribiendo contentísimos de vuestras experiencias, y a la vuelta os contáis lo bien que os lo habéis pasado cada uno a vuestro rollo, y recuperáis el tiempo de separación en muchas posiciones. Nos han metido en la cabeza que, si tienes pareja, hay que ir de vacaciones con ella, pero en ciertas circunstancias es mejor dividirse antes de separarse definitivamente solo por tener un termostato corporal opuesto. Seguramente ella esté deseando lo mismo pero no se atreve a proponértelo, así que toma la iniciativa y sugiérele que hagáis juntos las escapadas en primavera y otoño a sitios neutros, como ciudades y espacios naturales donde los dos os sintáis cómodos.

El desastre postvacacional

He vuelto de vacaciones con mi pareja y ha sido un verdadero agobio porque era la primera vez que pasábamos tanto tiempo juntos y ha habido momentos en los que no sabíamos qué hacer ni de qué hablar. Nos hemos dado cuenta de que hay cosas que no tenemos en común y no nos gusta hacer juntos. Pero a mí me encanta él y él dice que yo también, o sea, que no lo queremos dejar. ¿Qué podemos hacer?

Lo vuestro es muy habitual, muchísimo. La mayoría de peticiones de divorcio se producen después de las vacaciones de verano y después de las de Navidad. ¿Por qué? Pues porque, como tú bien dices, tienes más tiempo para estar con la otra persona y descubres que, oh, sorpresa, no es tan maravillosa como te parecía cuando te enamoraste y que no tenéis en común más que una cuenta de gastos. Por eso a la hora de escoger pareja lo ideal sería no dejarnos llevar por la pasión y escoger con cabeza, basándonos en intereses y valores comunes. Pero entonces probablemente sería menos divertido y, lo más importante: este libro no tendría sentido, y servidor tiene que pagar el alquiler.

Para evitar que os vuelva a pasar, la solución es muy sencilla: tenéis que planificar bien vuestro destino y no dar oportunidad al aburrimiento. Por ejemplo, alquilar un apartamento en un pueblo costero cuyos únicos atractivos sean la playa y la sangría del chiringuito, malo, queda descartado. Buscad un hotel con spa, por ejemplo. O un crucero lleno de actividades. O una zona donde se puedan dar largos paseos por la naturaleza. Lo que os apetezca más a los dos. La idea es explotar y explorar aquello que tenéis en común y no lo que os distancia.

Complejo de sherpa con sus maletas

Cada vez que nos vamos de vacaciones la misma historia: no puedo entender que para una escapada de tres días lleve cinco pares de zapatos con sus cinco conjuntos, el secador de pelo, las cremas y no sé qué narices más. Ah, y claro, el que carga con su maleta es un servidor. Y si protesto, pues ya estamos de morros; y si no digo nada, me siento como un imbécil. ¿Se te ocurre alguna solución?

¿Es manca? La lógica e incluso la justicia universal dictan que cada cual se lleve sus bultos. Si ella decide llevarse la casa a cuestas, que se lleve una caravana. Si le cabe más o menos en una maleta, que sea con cuatro ruedas, para que pueda simplemente empujarla con sus manos de princesa. Si es necesario, regálasela a la menor ocasión. Si aun así te toca levantarla en peso en el AVE o para subir escaleras, yo que tú se la dejaría abajo fingiendo un pinchazo en la lumbar, pero como seguramente quieres pillar durante las vacaciones, endílgale tu propia bolsa y haz el esfuerzo.

Quiero enseñarte mi lugar preferido

El otro día iba paseando con el chico con el que estoy empezando a salir y me dijo: «Me encantaría que fuéramos de vacaciones a Berlín y enseñarte mis sitios favoritos.» ¿Qué me está queriendo decir?

Una declaración de amor en toda regla: no solo quiere compartir contigo unos buenos recuerdos, además quiere crear contigo nuevos recuerdos. Si además ve que a ti también te gustan esos sitios, el viaje puede ser inolvidable. ¿A qué esperas para hacer la maleta?

De vacaciones en parejas

Mi chica y yo llevamos siete meses saliendo, pero todavía no nos hemos ido de vacaciones juntos. La

cuestión es que el otro día le propuse irnos una semana a la playa y ella ha insistido en que vayamos con otra pareja amiga suya. Extrañado, le pregunté medio en broma si es que temía aburrirse yendo solo conmigo y me soltó un «no seas tonto» que me ha dejado aún más mosqueado. ¿Qué he hecho mal?

Pues no considero que hayas hecho nada mal, has propuesto lo que querías y resulta que ella no quiere lo mismo, vaya por Dios. Igual ha tenido alguna experiencia con una pareja anterior superaburrida y ahora prefiere ir con más gente para asegurarse de que no va a morir de asco. Desde luego, el «No seas tonto» significa que eres bastante listo y le has pillado. Hazle una lista de todas las visitas, actividades y cenas para ocupar vuestro tiempo de ocio a solas. Y si aún así prefiere ir con la otra pareja, que te lo razone. ¡O que se vaya con ellos!

¿Por qué me regala sus vacaciones?

Mi marido me ha regalado por mi cumpleaños un paquete de una semana en un resort del Caribe. No sé si lo que más me molesta es que me lo haya comprado con el dinero de los dos, pues ya que salía del fondo común mi propio regalo, podría haberme consultado el destino en vez de elegir el sitio donde ÉL quería ir de vacaciones. Porque lo que ya me revienta es que me conozca tan poco como para encerrarme una semana en un hotel con todo incluido a vegetar, cuando lo que a mí me gusta es viajar, visitar diferentes localidades, hablar con los locales y probar la gastronomía autóctona. Para eso, podría quedarme en Benidorm y ahorrarnos la pasta que necesitamos para otras cosas.

Pues tu pregunta se responde sola: porque en todos estos años que lleváis juntos tu marido no se ha preocupado en conocerte o, simplemente, porque se la pela lo que tú pienses, quieras o necesites. Si me pides un consejo, ojo porque es radical: hazle las maletas, que se vaya al Caribe y dile que no se moleste en volver por casa. Ahora bien, si quieres una respuesta más tibia, ahí va: explícale exactamente lo que me has escrito, todo eso que te ha molestado, y dile que para su cumpleaños (o para el próximo verano) las vacaciones las escoges tú y que no quieres oírle soltar ni una sílaba de protesta. En cualquier caso, buena suerte y mejor viaje.

Se quiere ir solo de viaje

Mi novio me ha dicho que no vamos a ir de vacaciones juntos porque a él le gusta hacer un viaje largo al año a solas, pero es que antes él no salía con nadie. No concibo cómo puede preferir irse solo a compartirlo conmigo y pasar más tiempo juntos que cuando estamos trabajando y cada uno en su casa. Yo creo que en realidad no me quiere, le soy útil cuando está en la ciudad, pero para divertirse por ahí le estorbo. ¿Por qué necesita esa libertad estando en pareja?

Bueno, vamos por partes. Creo que los dos estáis pecando de extremismo. Hay muchísima gente para quien viajar solo de vez en cuando es una necesidad, y te aseguro que hablo con conocimiento de causa. Viajando solo te entregas más a la experiencia, estás más receptivo y la desconexión con tu realidad cotidiana es más profunda. Vamos, que entiendo a tu chico perfectamente. Pero, por otro lado, él debería tratar de entenderte a ti y no ser un puñetero egoísta. Como siempre, la sabiduría se esconde en el camino del medio. Habla con él, exprésale las ganas que tienes de irte de viaje con él y hazle entender que ambos os merecéis pasar por esa experiencia. Y eso no significa que tengáis que estar juntos todo el mes de vacaciones. Podéis iros juntos quince días y luego que se vaya él por ahí por su cuenta. Pero tú no te quedes en casa esperándole. Queda con amigos para hacer un viaje con ellos y pásatelo lo mejor posible ¡o vete sola y verás qué experiencia, igual luego eres tú la que no quiere viajar con él! Y a la vuelta intercambiáis fotos de vuestros viajes. Seguro que el año que viene se lo piensa más antes de irse solo.

8

Aquí mi familia

No quiere conocer a mi familia

Mi novio no quiere conocer todavía a mis padres y para mí es algo importante porque tengo muy buena relación con ellos y necesito que conozcan a la persona con la que comparto mi vida. No sé cómo convencerlo para que se relaje y no crea que eso le obliga a nada, ¿cuál puede ser la manera de hacerlo más liviano y quitarle trascendencia al asunto de la presentación?

Lo siento, pero no hay ninguna pastilla mágica que haga a la gente madurar de golpe. De hecho, mucha gente no madura jamás. Al decirme que compartes tu vida con él, entiendo que lleváis bastante tiempo juntos. Así que su negativa para conocer a tus padres me parece intolerable, un insulto. Nadie está obligado a querer a la familia de su pareja, pero sí a respetarla. Al fin y al cabo, son tus orígenes y, si realmente te quiere, debería querer saber más de ti. Yo me sentaría con él y le explicaría que para ti es importante que ellos se conozcan y que con su negativa no solo te está poniendo en una situación desagradable, sino que además está haciendo que te sientas menospreciada. Si sigue cerrándose en banda, dale puerta pero ya. Seguro que pronto encontrarás a alguien que sepa apreciarte a ti y a los tuyos como cualquiera merece.

Tu cara me suena

El otro día fui a la boda de la prima de mi novia. Era un acontecimiento importante porque iba a conocer por primera vez a la familia de mi chica. La sorpresa mayúscula fue que cuando me presentó a su cuñada resultó ser una ex novia mía. De hecho, una con la que tuve una relación muy intensa y de la que alguna vez le he hablado a mi actual chica. No sé por qué, tanto mi ex como yo actuamos como si fuera la primera vez que nos veíamos, fue muy raro. Y tengo miedo de que mi chica se acabe enterando y que me eche en cara no habérselo dicho. ¿Qué puedo hacer? Cuando se trata de relaciones pasadas, ¿es mejor contarlo todo o hacer borrón y cuenta nueva?

Me temo que habiendo tenido una relación tan intensa y siendo familia tan cercana os vais a encontrar bastantes veces y se os va a ver el plumero por algún lado. Entonces tu novia sospechará que no se lo has contado antes porque aún hay algo entre vosotros y se pillará un rebote de culebrón venezolano y tendrás que jurar, perjurar y mostrar pruebas y testimonios de que en absoluto ha pasado nada, que simplemente no querías marear la perdiz porque para ti no tenía relevancia de cara a vuestra relación. Mi consejo es que lo aclares cuanto antes, le digas que disimulaste porque la otra disimuló y no supiste reaccionar de otra forma que siguiéndole la corriente por si ella quería ocultarlo por algún motivo que desconoces. Pero que tú has estado devanándote los sesos estos días y has concluido que, independientemente de lo que quiera la otra, tú prefieres contárselo porque no tienes nada que ocultar y siempre vas a ser sincero con ella. Quedarás como un señor y sumarás puntos para su confianza en ti. ¡Pero date prisa!

¿Debo enfrentarme a mi suegra?

El otro día fui por primera vez a casa de los padres de mi novio a comer y la reunión fue bastante amena, pero mi suegra cocinó todos los platos justamente con los pocos ingredientes que no puedo soportar. Le he pedido a él que se lo diga, pero me ha contestado que se lo comente yo, que para eso tengo una boquita, o que me lo coma, que por una vez no pasa nada. Pero me temo que, si no lo digo ahora, me voy a pasar toda la vida al borde de la arcada. ¿No crees que lo lógico es que se lo diga su hijo?

Pues sí. Me desconcierta que tu novio te eche a los leones así. Lo normal sería que él intercediera y te sacara del apuro. Es verdad que las madres son sagradas (al menos para la mayoría de nosotros), pero que no te guste su cocina no significa que la estés insultando, deberías tratar de explicárselo. Dile que de acuerdo, que hablarás con su madre, pero pídele que esté a tu lado cuando lo hagas. Y cuando hables con tu suegra déjale claro que la culpa no es de su cocina, y coméntale qué ingredientes no soportas para evitar situaciones incómodas para ambas. Ah, y a la primera de cambio, en cuanto te haga un plato que sea de tu gusto, alábaselo sin dudarlo y no tengas miedo en pedirle la receta.

A Dios rogando

Conocí a mi chica en la facultad y enseguida empezamos a salir. Ella es muy religiosa. Es sudamericana y toda su familia va a misa los domingos, vestidos de tiros largos; vamos, que se lo toman súper en serio. Y yo lo siento, pero es que no puedo, soy el mayor ateo del mundo, me parece todo una farsa horrible y dañina. Y ella lo sabe, pero insiste en que si no voy a misa y su familia no me aprueba, no podemos estar juntos. Pero, ¿no debería estar el amor por encima de estas cosas?

El amor a Dios y a su familia están por encima de estas cosas, el vuestro es obvio que NO. Estás saliendo con una religiosa integrista aunque sea de la religión católica, más o menos te viene a dar igual cuando los creyentes son tan radicales. Tienes menos puntos de que su familia te acepte que ella de que tú te conviertas y, de repente, empieces a creer en Dios. También me temo que tú no vas a intentar convencerla de que Dios no existe, mientras que ella te va a estar dando la chapa a ti continuamente para que vuelvas al camino del Señor.

Por supuesto, se querrá casar por la Iglesia, y para ello tendrás que confirmarte en la fe cristiana, si es que en su día fuiste bautizado y comulgado; si no, a empezar todo el proceso a tu edad y siendo ateo. Luego tendrás que bautizar a los niños y pasar por todos esos sacramentos y sus respectivos convites, con la dulce compañía de tu familia política, cuestionándote por qué no te sabes el Padre Nuestro. La verdad es que no me das ninguna envidia. Yo que tú salía por patas antes de que te abduzcan para su secta.

Machismo en casa de mis suegros

En casa de mis suegros son cinco hermanos, incluido mi novio, y algunas veces nos reunimos todos juntos con sus novias. El caso es que ellos se quedan sentados en la mesa, con su padre, mientras su madre se levanta para recoger, después de haber cocinado y organizado todo ella. Las demás se levantan para ayudarla, pero yo me debato entre unirme a ellas por respeto a la mujer, o quedarme allí sentada con ellos para no alimentar ese machismo cumpliendo con un rol con el que estoy en profundo desacuerdo. ¿No deberían ser ellos los que ayudaran a su madre y no asumir que somos sus esclavas?

¿Qué te voy a decir? Pues claro, tienes toda la razón del mundo. En muchas casas se sigue manteniendo ese patriarcado, muchas veces alimentado por las propias madres, que consideran que todo lo de la casa es obligación exclusivamente de ellas. Mi consejo sería que, antes de declarar la guerra, ganes algunas batallas. Para empezar, con tu novio: habla con él y dile que te parece fatal la situación y anímalo a que lidere a sus hermanos en ese reparto de las tareas. Y luego, con las otras novias y con tu suegra. De buen humor, no hace falta que lleves pancartas. Algo así como «pues ya está bien que siempre seamos nosotras las que tengamos que encargarnos de todo». Fíjate sobre todo en la reacción de tu suegra: si ella da por buena la situación, yo renunciaría a la revuelta a riesgo de convertirte en la oveja negra de las nueras. Eso sí, cuando llegue el momento de tener hijos, procura educarlos mejor para que cuando te traigan nueras o yernos a casa no tengan que pasar por lo que tú estás pasando.

Demasiadas confianzas entre hermanos

Mi chica tiene una relación muy rara con su hermano. Se sienta encima de él, se palmean el culo, se hacen bromas sexuales todo el tiempo sin importarles que yo esté delante. Todo eso me incomoda un montón, pero no sé cómo abordar el tema porque temo que se enfade. ¿De qué demonios van?

Bueno, quizás han tenido una educación muy abierta en ese sentido y no ven nada malo en expresarse con confianza en cuanto al sexo, y hacer bromas del tipo «jo, hermano, qué culazo tienes». Puedo imaginar la situación y entiendo que no te entusiasme, pero dudo mucho que te haya tocado justo a ti la rareza estadística de dos hermanos que hayan mantenido relaciones incestuosas. En todo caso, si lo abordas, que sea desde el humor, en plan: con el rollo que os lleváis con tu hermano, me estoy planteando hacer un trío. ¡Puede hasta que te guste!

9

A vueltas con los hijos

Soy Edu, ¿te fecundo?

Quiero ser padre. Estoy a punto de cumplir los 40 y no quiero esperar más. Por eso no quiero perder demasiado tiempo en formalizar una relación, quiero tener un hijo ya. Sin embargo, cada vez que conozco a una chica y se lo comento, en persona o por mensaje, sale corriendo. Y no entiendo nada, ¿no resulta que la mayor queja de las mujeres es la falta de compromiso de los hombres? Pues yo quiero el mayor compromiso posible: tener un hijo juntos. ¿Qué hago?

Los seres humanos somos más animales que humanos, solo hay que ver las noticias. Dentro de nuestro instinto animal juega un grandioso papel el olfato, que nos permite oler a distancia la desesperación. Nadie con un poco de autoestima y salud mental desearía estar con alguien desesperado porque eso implica que le vale cualquiera, que no te quiere por ser tú, por parecerle alguien especial, sino porque tienes la capacidad necesaria para su objetivo: engendrar. El objetivo es válido, pero lo recomendable sería que fuera con una persona a la que ames, no que ames a una persona para que sea la madre de tu hijo. Para eso, búscate una madre de alquiler y tenlo tú solo, soltero, como Miguel Bosé.

Eso te dará la libertad de quitarte la presión por tener un mujer a toda costa para embarazarla, y quizá con el morbazo de ser un buen padre atraigas a alguna que vuelque su instinto maternal en hombres tiernos como tú. También puedes intentar afinar el tiro hacia mujeres desesperadas por tener un hijo, pero de la unión de dos desesperados solo pueden salir desesperaditos. Aviso.

¿Quieres tener hijos? ¡Es bromi, tonto!

Después de cuatro citas y dos noches juntos, la chica con la que he empezado a salir me ha preguntado si quiero tener hijos en el futuro. Le he contestado que sí, cuando llegue el momento. Entonces ella se ha reído y ha dicho que solo era una broma. ¿Me lo explicas?

Broma broma, pero se ha quedado tranquila. Por eso se ha reído, risilla nerviosa de alivio. De coña, nada, te estaba tanteando para ver si sigue contigo o te da cuartelillo si no quieres lo mismo que ella, que, tiene toda la pinta de que es hacerte papá. Si a ti te gusta ella, pues mira, estáis bien avenidos. Si no, ponte el preservativo antes de salir de casa.

De todos modos, si te lo ha preguntado a las dos noches de estar juntos, ni siquiera se ha molestado en disimular sus ganas, así que ojo cuidado porque tiene pinta de que va a la caza y captura del espermatozoide ganador, y puede que no esté tanto contigo porque le encantas sino por tu líquido seminal.

O sea que vigila que no te utilice, cúbrete las espaldas porque no serías el primero al que, una vez preñadas, dejan para poder ejercer de madres solteras sin la pesadilla de tener que contar con el padre del niño.

El niño de mamá

Salgo con una madre soltera. Y en principio no tendría que suponer ningún problema, es algo muy habitual hoy en día. Y entiendo perfectamente que un hijo es lo prioritario para una madre, faltaría más. Pero siento que siempre estoy en segundo lugar, que todo gira alrededor del niño, casi tenemos que vernos a escondidas y basta para que el crío estornude para que ella anule una cita. Y, claro, es un tema muy delicado. ¿Cómo hago para decirle que respeto su relación madre-hijo pero que necesito más de ella?

Míralo por el lado bueno: no tiene un ex que sea el padre del niño, sería lidiar con la Santísima Trinidad. Siento decirte que la prioridad siempre va a ser su hijo porque a ti te encontró en la calle y asimismo te puede perder, mientras que a él lo tendrá y lo querrá siempre. Además, al ser madre soltera probablemente lo tendrá más sobreprotegido de lo habitual, especialmente hasta que cumpla una edad en la que él pueda ser más independiente. Intenta ejercitar tu paciencia hasta entonces, si hace falta, vete a un monasterio budista, y acepta que la situación es la que es. No hay manera humana de intervenir en la relación ni en la educación de un niño que no es tuyo mientras la madre no esté convencida de que eres un buen candidato como pareja y como padre postizo. Así que respétales de verdad, exprésale a ella que estás ahí y que quieres pasar más tiempo juntos pero que entiendes que el crío es su prioridad y estarás preparado para tener más papel en sus vidas cuando ella lo decida. Yo creo que en su vida le habrán hablado así y se le caerán las bragas del impacto.

Los hijos de mi novio no me soportan

Salgo desde hace unos meses con un hombre que me encanta, es muy cariñoso y todo va perfectamente. Pero me ha presentado a sus hijos y son dos monstruos. Ya he estado varias veces con ellos y la niña me está retando todo el tiempo, mientras que el niño me ignora. Son insoportables, y lo peor es que mi compañero es tan bueno que no sabe imponerles unos mínimos de educación ni de respeto hacia mi persona. Sé que tiene miedo de perderlos y de que tiren más hacia la madre si impone cierta autoridad, pero así lo único que consigue es que los niños se nos suban a la chepa a ambos. Y no puedo hacer nada porque no son nada mío. ¿Qué hago, evito quedar con él cuando estén ellos, o les ignoro yo también como si no existieran? La situación es insostenible.

No es una situación fácil. Lo principal es que esto no afecte más a vuestra relación de pareja. Si le recriminas a tu chico su pasividad con sus hijos, puedes hacer que se enroque en su posición y que se ponga de su parte. Si ignoras a los niños, puede pensar que él no te interesa lo suficiente para hacer el esfuerzo de conocerlos mejor. Y lo mismo si los evitas. Yo intentaría ganármelos como fuera. Pero siempre implicando al padre en todo momento. Coméntale que te gustaría tener un detalle con ellos, comprarles algo o prepararles una sorpresa. E insiste: dile que es importante para ti que sus hijos te acepten. Al menos así lo tendrás de tu lado. Y luego, pues paciencia y esfuerzo. Los niños pueden ser difíciles, pero a todos les gustan los regalos. Dale algo que les guste mucho y tarde o temprano te querrán o, al menos, te tolerarán.

Adiós, papá

He conocido a una chica estupenda, todo va de maravilla y quiero pedirle que se venga a vivir conmigo. El problema es que ella ya me ha dicho que quiere tener hijos y yo ya tengo dos niños de mi relación anterior y, la verdad, no me veo volviendo a cambiar pañales. Pero tampoco quiero perderla. ¿Qué hago, se lo digo o dejo que se vaya dando cuenta por sí misma?

Deberías ser sincero para que ella maneje la información y decida libremente si quiere seguir adelante con vuestra relación o prefiere dejarlo antes de que esté demasiado enamorada y acabe teniendo que renunciar a tener hijos por ti. Si se lo ocultas, se cabreará más adelante por haber coartado su libertad para no perderla y ya no podrá confiar en ti y la perderás igual y definitivamente, cuando tú también estés enamorado hasta las trancas. Contempla asimismo que tal vez cambies de opinión en un tiempo prudencial si todo os va bien. Lo que es poco probable es que ella cambie su decisión de ser madre; por lo general, las mujeres, cuando la toman, es de forma meditada y determinante. ¿Y lo monos que son por la noche cuando lloran y te recuerdan que estáis vivos?

10

La convivencia, es decir,
el nudo de la cuestión

Relaciones a distancia

Mi chica y yo nos conocimos en la Uni, en Barcelona, y nos acabamos haciendo novios en el último curso. Al terminar encontré un curro en Alicante, en la empresa del padre de un amigo. Lo hablamos y decidimos que podríamos mantener nuestra relación a distancia, al fin y al cabo, qué son 538 kilómetros si se está enamorado. Unas semanas bajaría ella y otras subiría yo. O también podríamos alquilar una habitación en Valencia. Y al principio así lo hicimos. Pero últimamente tengo la sensación de que ella solo pone pegas a venir a verme, cuando no tiene el cumple de una amiga tiene una reunión familiar o un concierto o dice que no tiene dinero y cuando me ofrezco a darle el dinero se ofende. Sin embargo, las pocas veces que nos vemos estamos bien y ella dice que sigue enamorada de mí.

Pero tengo la sensación de que la estoy perdiendo. ¿Qué puedo hacer para remediar esta situación?

Pues proponerle que os vayáis a vivir juntos a Alicante o Barcelona, y ponerla a prueba para averiguar si está dispuesta o prefiere seguir como estáis, en cuyo caso es obvio que la estás perdiendo y la acabarás perdiendo del todo, ya se siente. Lo que está claro es que ella tiene su vida montada y lo de desmontarla, ni que sea un fin de semana, por verte, no parece que le motive mucho, así que te veo volviendo a echar currículos en la Ciudad Condal.

¿Me quieres?

Mi novio nunca me dice que me quiere. Yo se lo digo constantemente, a ver si me corresponde, pero no hay forma de que suelte prenda. A veces se lo pregunto en la cama, después de hacer el amor, y él me contesta en plan lacónico: «Pues claro, estoy aquí contigo, ¿es que no lo ves?» Y claro que lo veo, pero necesito oírlo, tener claros sus sentimientos, si no, me entra el miedo a perderle en cualquier momento.

Por un lado me da pena por ti: da la impresión de que te has topado con otro ejemplar de *Homo Clinteastwood*, era subespecie de hombre que es incapaz de hablar de sus sentimientos por culpa de un miedo atávico a que se le caigan los testículos al suelo si lo hace. Asimismo, los individuos de este grupo son conocidos porque abren los botellines de cerveza con los dientes, gustan de hablar de motores y obras, suelen reunirse para ver acontecimientos deportivos y aullar, y solo se permiten llorar en el funeral de sus madres o si su equipo favorito pierde una final. Para tu desgracia, los *Homo Clinteastwood*, aunque abundantísimos, son una rémora evolutiva. En otras palabras, más te vale acostumbrarte a su silencio y sus costumbres porque no piensa cambiarlas, ni por ti ni por nadie.

Por otra parte, me da pena por él: parece que contigo ha encontrado un clásico ejemplar de Mequieres Mequieres, una subespecie humana (se da en ambos géneros) que se caracteriza por acosar a sus parejas para que verbalicen sus sentimientos hacia ella. La obsesión de esta casta llega a extremos tales que, aún cuando su pareja admita que sí, que efectivamente la quiere, siga dudando y atosigándola a todas con preguntas tipo: «¿Pero seguro que me quieres?», «¿Pero cuánto me quieres?», «¿Todavía me quieres?», «¿Pero me quieres más que ayer o menos?». O mi favorita: «¿Pero me quieres o me amas?» Dicho de otra forma, creo que os merecéis el uno al otro.

¿Me está probando para que le pida compromiso?

Mi chica y yo somos novios desde siempre, desde el instituto. Nuestras familias se conocen: he ido de vacaciones con sus padres y ella con los míos. El verano pasado fuimos de viaje a Tailandia y hace dos a Punta Cana; hemos ido de escapada romántica a Venecia y de

fin de año a Praga. Yo vivo solo desde hace cuatro años y ella tiene ropa en mi piso y pasa todos los fines de semana conmigo. Te quiero decir con esto que ya vamos para los treinta y me parece que el siguiente paso lógico es irnos a vivir juntos. Así que se lo planteé tal cual, que dejara la casa de sus padres de una vez y se viniera definitivamente conmigo. Es mucho más práctico, compartimos gastos y quizá podemos empezar a pensar en tener críos. Pues resulta que se lo ha tomado fatal, que si no tengo el menor romanticismo, que ella espera algo más y qué sé yo. ¿Qué hago? ¿Le compro un anillo?

Ah, claro, tu chica quiere casarse antes de formalizar la convivencia. Por lo que cuentas, vuestra relación es tan clásica como vuestras familias, así que tienes suerte de que haya accedido a perder la virginidad antes del matrimonio. ¿Porque no es virgen, verdad? Fuera de bromas, sí, me parece que lo de ser pareja de hecho no es suficiente compromiso para ella y vas a tener que pasar por la vicaría, hacer todo el ritual del anillo, la petición de mano, los trajes, el convite con 400 invitados, etc., para que se quede convencida y contenta. No sé si darte la enhorabuena o el pésame.

No me escucha

Mi marido no me escucha. Si está viendo el fútbol, ni me oye siquiera. Tampoco puedo esperar que se entere de lo que le estoy diciendo si está con el móvil o el ordenador. Pero lo que más me fastidia es que, cuando por fin consigo tenerle frente a frente, le empiezo a contar mis cosas y él, a los dos minutos, desconecta. Está de cuerpo presente pero su atención está en cualquier otro lado. ¿Por qué no me escucha? ¡Soy su esposa!

Qué lástima que tú le escucharas cuando se te declaró, ¿no? Me temo que el crimen de tu marido escapa a mi jurisdicción: tienes un gañán en casa. En estos casos soy muy radical: todo el mundo merece respeto y, si no te lo dan, seguro que encuentras fuera de casa a alguien que te lo muestre. Y en el peor escenario posible, para que no te escuchen, mejor sola, ¿no?

¿Por qué no pruebas un cambio de estrategia? Haz que pruebe su propia medicina. Evita dirigirle la palabra para nada. Y si él te habla, hazte la sueca. Que se pregunte qué demonios te pasa. Y cuando consideres que por fin se ha dado por aludido, infórmale de que así es como te sientes con él, desesperada, y que o cambia de actitud o lo próximo que oirá de tu parte será el portazo cuando te largues.

El precio del alquiler

Mi chica gana bastante más pasta que yo. Y hasta ahora no ha sido un problema. Unas veces invitaba ella a cenar y otras yo, si nos íbamos de vacaciones, buscábamos un sitio barato pero decente y cada uno pagaba lo suyo. El problema ha surgido cuando hemos decidido irnos a vivir juntos. Ella quiere un piso grande, en un barrio pijo y, a poder ser, con terraza. Pero yo no llego. Ella me dice que no le importa pagar más, pero yo me siento humillado. Además, estoy convencido de que tarde o temprano tendremos una pelea y ella podrá echarme en cara que paga más que yo. Claro que la alternativa es irnos a un piso más pequeño en un barrio peor, y me temo que con el tiempo eso también pueda convertirse en resentimiento por su parte. ¿Qué puedo hacer?

Vamos a ver, hasta ahora cada uno pagaba lo suyo, ¿no? Pues ahora es exactamente lo mismo. Tú pagas la parte que puedes y ella paga más por la parte que quiere de más. ¿Quiere más metros? Los paga, y punto. ¿Tú no quieres más metros? Pues no los pagas, porque ni los necesitas ni los quieres ni los puedes pagar. Yo no le veo problema, ella está siendo bastante justa y coherente con lo que desea y no te obliga a ti a pagar sus caprichos ni tiene ninguna necesidad de renunciar a ellos.

¿Por qué te sientes humillado? ¿Porque ella cobra más y tiene mayor nivel adquisitivo y el piso te lo recordaría todos los días? Bueno, sería una lástima que tu dignidad o tu valía dependieran de cuánto os pagan a cada uno, especialmente en un país en el que estar bien pagado no es cuestión de formación ni de profesionalidad, sino de pura ética del que te contrata. Incluso si eres autónomo. Ni tú tienes la culpa de cobrar menos ni ella de cobrar más, es un hecho y lo mejor es disfrutar de ello, si a ella no le molesta aportar cada uno distributivamente.

Lo importante es compartir, ¿no serías tú igualmente generoso y justo si fueras tú el que ganara más? Si ella tuviera un bache económico, ¿no serías tú el que aportaría todo lo que pudiera para superarlo juntos? Si la respuesta es no, entonces sí que tienes un problema.

Mr. Consejitos

Es insoportable. Le cuento a mi novio cualquier cosa que me pasa en el curro o con mis amigas, o con mi madre, y enseguida lo que hace es darme sus consejitos, como si yo fuera una niña y no supiera qué hacer. Yo no quiero que me dé soluciones, si las quisiera se las pediría directamente, solo necesito desahogarme y que entienda cómo me siento, ¿tan difícil es?

Esta queja es tan pero tan habitual que sospecho que la raíz del problema es antropológica. Las mujeres necesitáis verbalizar vuestros disgustos, vuestras quejas. Y nosotros lo entendemos como un problema a resolver, como una petición para que seamos útiles. Porque, volviendo a tu pregunta, sí, a los hombres nos resulta muy difícil no intentar arreglar las cosas. Porque eso es lo que nos sale de dentro. Y que conste que no es únicamente una cosa que se produce de hombre a mujer, también de hombre a hombre. Si yo voy a mi padre o a un amigo y le cuento que me pasa tal cosa, me va a dar un consejo aunque yo no se lo haya pedido. Somos como ratones en un laberinto: tenemos que encontrar la salida. Así que para que te entienda, entiéndele tú a él y explícaselo claramente. Dile: «Cariño, con que estés aquí y me escuches, ya me estás ayudando.» Y asunto arreglado (guiño).

Odio ir de compras

No te imaginas cómo odio ir de compras. Cada sábado por la tarde la misma historia: vamos de una tienda a otra, durante horas, probándose ropa o lo que sea, conmigo esperando afuera como un memo, para luego no *comprarse* nada. Y encima acabo agotado. Y cuando se lo digo, me dice que nunca quiero hacer nada con ella. Sí, sí, quiero, pero no ir de compras. ¿Qué puedo decirle para librarme de esta tortura?

Cómprale una amiga el próximo sábado. Y que vaya con ella. No, en serio, proponle un listado de TODAS las actividades que te encantaría hacer con ella. A ver si la chavala encuentra otros hobbies que os unan y no acaben separándoos.

Tú no tienes ninguna obligación a ir de personal shopper, explícale que, de hecho, se te da fatal porque no entiendes nada de moda y le das la razón como a las locas para que acabe antes el suplicio. Proponle también que vaya ella entre semana y no el tiempo que podéis disfrutar los DOS juntos.

Te quiero, pero no te necesito

El otro día discutí con mi pareja porque le dije que lo quiero, pero no lo necesito, y se lo tomó fatal. Me preguntó que si no lo necesitaba, para qué lo quería, qué pintaba él en mi vida, y me acabó diciendo que entonces me quedara sola, ya que no necesitaba a nadie para ser feliz. No sé cómo hacerle entender que para mí es mucho más sano establecer la relación desde el amor y no desde la necesidad y la dependencia. Me gusta ser libre y amar desde esa libertad porque elijo cada día estar con él. ¿Por qué no lo entiende y se ofende tanto?

¿Sabes qué pasa? Que en algunas ocasiones la sinceridad es más una crueldad que una virtud. Comprendo lo que quieres decir, y entiendo que hay cierta nobleza en tus ideas. Pero también entiendo que tu novio se sienta dolido y que le haya entrado el pánico. Querida, el ego masculino es un frágil pajarillo: se le puede aplastar con facilidad, y con igual facilidad se escapa y vuela hasta otro árbol que le ofrezca cobijo. Dejando eso aparte, me da la impresión de que tu explicación no ofrece lugar a dudas. Me preguntas «¿Por qué no lo entiende y se ofende tanto?» Se ofende tanto porque lo ha entendido perfectamente. Haz tú el esfuerzo de ponerte en su lugar por un momento: tanto a hombres como a mujeres nos han educado para pensar que el amor es irracional, es pasión y locura; y tú le has soltado un rollo tremendamente racional que viene a decir que él no es imprescindible para ti. Un rollo muy gratuito, permíteme decirte. Porque es evidente que nadie es absolutamente necesario para nadie en materia biológica: por mucho que la queramos, esa persona no insufla aire en nuestros pulmones, no bombea sangre desde nuestro corazón; y sin embargo a todos nos gusta creer que sí, que sí somos necesarios para la persona amada, que sin nosotros no podría vivir. Ya puestos, ¿por qué no le dices que el amor es solo una estrategia de la naturaleza para que perpetuemos la especie? Y mientras se lo dices, haz una pira con corazones de trapo y muñecos de cupido y préndele fuego.

En serio, de verdad que respeto tu punto de vista, pero antes de planteárselo a tu próximo novio (porque me parece que con el actual las cosas van a empeorar drásticamente), asegúrate de que está en la misma onda que tú.

Mi novia no me deja defenderla

El jefe de mi novia se le insinúa descaradamente. Ella me lo cuenta, indignada, pero no me deja hacer nada al respecto, lo cual hace que me sienta completamente inútil. ¿Por qué me pide opinión si luego no la tiene en cuenta?

Es que tú no eres ella. Al contártelo, se desahoga, es lo que necesitamos las mujeres normalmente de vosotros, que escuchéis sin dar consejos. Ella no necesita que tú hagas de salvador, tiene que solucionarlo sola. En todo caso, exprésale que estarías más tranquilo si ella decidiese enfrentarse al jefe o seguir pasando hasta que el otro se aburra de su indiferencia. Tú agradece su sinceridad, su confianza; si te mosqueas, dejará de contártelo para no molestarte. Y ahí se abre la veda para ocultar situaciones parecidas que pudieran presentársele. Y eso no lo queremos, ¿verdad?

Le aburro?

Al principio con mi pareja era todo muy divertido, hacíamos cantidad de planes juntos, nos encantaba ir al cine, al teatro, salir de viaje, cometer locuras juntos, un aquí te pillo, aquí te mato cada dos por tres en cualquier sitio. Sin embargo, desde que vivimos juntos, él está como plantado en una maceta, no le apetece salir, dice que está cansado y que viendo una peli con palomitas en casa y acurrucados ya tiene suficiente, y yo me aburro, necesito divertirme, parecemos un matrimonio mayor ¡y solo llevamos dos años! ¿Cómo consigo sacarlo de su aletargamiento? ¿Cómo ha podido cambiar tanto? ¿Le aburro?

Más bien parece que es él el que te aburre a ti, ¿no? ¿Le has propuesto planes y él te los desmonta? Pues búscate planes con otras personas. ¿Le propones sexo y él se hace el remolón? Pues... No, en serio, no voy a insinuar que tengas una aventura. Pero es que tu problema tiene difícil solución: si él se niega a hacer cosas, no se me ocurre qué puedes hacer para remontar esa situación. La obvia es que lo hables con él. Que le expliques cómo te sientes. Dile que echas de menos el hombre que era. Pero siempre evitando los reproches y los chantajes sentimentales. Limítate a exponer unos hechos. Y si aún así no mueve ficha, pregúntate si quieres compartir tu futuro con él.

Mi ex por aquí, mi ex por allá

Estoy alucinando un poco porque he empezado a salir con un chico que me cae muy bien pero de vez en cuando me sale con frases del tipo: «Me alegro de que te guste el sushi, mi ex lo odiaba.» ¿Y a mí qué narices me interesa su ex?

Mala señal. No solo te está comparando con su ex novia (lo cual siempre es un error), además es que no la ha olvidado. Ahora mismo tu amigo no está preparado para comenzar una relación. Necesita tiempo para superar la ruptura. Si te lías con él, lo vuestro va a ser un trío: el fantasma de su ex os va a acompañar en todo momento, incluso en la cama. Porque aunque sus intenciones sean buenas, os va a estar comparando en lo bueno y en lo malo. Y, como aún no lo ha superado, si ella volviera a su vida, tú ibas a ser abandonada en la próxima gasolinera como una mascota a la que no se ha cogido suficiente cariño.

Las mujeres siempre damos más

Estoy harta de ser siempre yo la que da. La que pone toda la carne en el asador, la que entrega, la que cuida, la que está pendiente de los detalles, la que limpia, la que está siempre receptiva y dispuesta a hacerle favores. Y a cambio no recibo nada, él está en su mundo interior, volcado en el trabajo, cuando llega está agotado y no tiene ganas de nada, ni de hablar ni de hacer el amor. El problema es que lo quiero, no quiero dejarle, pero no sé qué hacer para que él también aporte algo a la relación y luche conmigo por salvarla. ¿Qué se hace en estos casos?

Ya que nos has escrito con tu duda, permíteme ser un poco cizañero: ¿pero le quieres por lo que es o por quien fue? Porque desde fuera cuesta entender esos sentimientos hacia alguien que en el presente no solo no te aporta nada, sino que, además ignora tus quejas. Porque imagino que esto ya lo habrás hablado con él, ¿no? Que hay mucho cazurro suelto, y si no le has comunicado cómo te sientes, él quizá ni se ha enterado. Así que si no lo habéis hablado, siéntate con él e infórmale: que no suene a amenaza, que no sea una reprimenda. Empieza por decirle que le quieres, que entiendes que esté agobiado por el trabajo, pero que te sientes desatendida, que él está dando tu amor por sentado y que una pareja es obviamente una cosa de dos. Explícale de forma detallada qué cambios necesitas de él. Y a ver qué dice. Si él no está por la labor, si ves que no piensa enmendar su actitud, entonces te recuerdo que la esclavitud está abolida en este país desde hace muchísimos años. Rompe tus cadenas y vuela libre.

¿Para cuándo vuestra boda?

¡Hasta las narices de ir a bodas! Los dos últimos años habremos ido al menos a doce bodas de amigos o amigas suyas, no exagero. Y cada vez que alguien nos suelta el rollito de «¿para cuándo la vuestra?», ella pone cara de pena y responde «uy, eso no lo verán tus ojos». Ella sabe que no quiero casarme, y dice que lo acepta; entonces, ¿por qué demonios no se lo dice a la gente?

Se lo está diciendo con el «Uy, eso no lo verán tus ojos». Quedaría muy feo que añadiera «Este no quiere», pero el tonito ya lo expresa todo. Lo que está claro es que te quiere y prefiere estar contigo aunque no pueda ser princesa por un día. Si para ella fuera una prioridad casarse, puedes jurar que te dejaría, porque gustarle las bodas, le gustan. Reza por que no tenga más amigos aún solteros y por que los que ya están casados no se divorcien, que la gente tiene la manía de reincidir.

Estás paranoica

Hay algo que me molesta muchísimo y es que mi pareja invalida mis sentimientos, cuando le cuento que me siento insegura, vulnerable, dolida o poco valorada, me dice que no debería sentirme así porque tengo todo lo que quiero y él me da todo lo que puede. Yo necesito hablar de cómo me siento, pero como siempre me mira como si estuviera loca, estoy dejando de hacerlo, y me como la cabeza cuestionándome si no tendrá razón y me estoy volviendo paranoica. ¿No crees que la represión de mis emociones acabará alejándonos y ya no tendrá remedio? ¿Es normal que me trate así?

Por tu manera de escribir tengo la impresión de que

eres muy capaz de expresarte, así que vamos a trabajar con dos posibilidades:

a) que a tu chico le aburres. Porque, ¿tus quejas son puntuales o eres de esas personas que necesita hacer un drama hasta de cortarse las uñas y eres incapaz de no verbalizar hasta el más mínimo pensamiento que te cruza la cabeza? Porque si es así, no me extraña que te ignore, debe de estar hasta las meninges de ti ya que eres un caso de «persona cariñoooo». Ya sabes, de esas que van por la vida atosigando a su pareja y que empiezan sus frases con «cariñoooo». «Cariñoooo, ¿te has enterado de qué ha pasado.» «Cariñoooo, ¿en qué estás pensando?» «Cariñoooo, ¿me echas de menos?» «Cariñoooo, ¿tú crees en los ovnis? Porque yo creo que son ángeles de la guarda.» (Esta última frase la escuché literal en una estación de tren no hace mucho.) Pues eso, si te reconoces en este comportamiento, para de una vez: eso no le gusta a nadie. Y si tú no eres así para nada, igual es que le aburres porque no tiene mayor interés en ti que el de intercambiar fluidos de vez en cuando y todo lo demás le sobra.

O bien, b): le provocas inseguridad. Si cuando le comentas tus sentimientos, él se defiende diciendo que te «da todo lo que puede», tal como comentas en tu correo, es que tiene miedo de no estar cumpliendo tus expectativas, de decepcionarte, de que le acabes dejando. Por eso te ignora, es su forma de ponerse a la defensiva, invalidar tus opiniones y sentimientos. Sin duda es un error suyo, pero apuesto a que no es consciente de ello. Por eso, prueba a hablar con él aclarándole lo que necesitas de él, porque seguramente no tiene ni idea, y calma sus posibles temores. Ya verás como se relajará y estará más dispuesto a escucharte. Siempre que no empieces las frases con un «cariñoooo».

A vueltas con el pasado

Antes de conocernos, mi novia era muy fiestera y estuvo varios años en los que se drogaba mucho, sobre todo cocaína y pastillas. Ella siempre ha sido sincera conmigo al respecto y sé que ahora no toma nada. Pero de todas formas, cada vez que vamos a alguna fiesta o si sale por ahí con sus antiguos colegas, me pongo muy nervioso y estoy muy encima de ella controlando lo que bebe y eso, y ella dice que la agobio. Pero no lo puedo evitar, tengo miedo a que vuelva a meterse y haga algo de lo que se arrepienta y de perderla. Pero no sé cómo gestionar esta inseguridad que me provoca su pasado. ¿Qué opinas?

¿Tú quieres una novia o una hija? Porque me temo que tu instinto de macho protector está siendo absorbido por el instinto paternalista, y la muchacha, si ha conseguido dejar las drogas con lo difícil que debe de ser, no necesita a nadie que la proteja, ya ha demostrado que lo sabe hacer sola. Si se vuelve a meter, es su problema mientras no te haga daño a ti, y no puedes poner el parche antes de que se pinche el colchón inflable.

Si hace algo de lo que se arrepienta más tarde, pues algo aprenderá de ello, no es necesario que le evites las lecciones que tenga que aprender en su vida, si se diera el caso de que no las hubiese aprendido ya. El verdadero problema es que prefieres gestionar su vida para ahorrarte daños colaterales, pero no eres capaz de gestionar tu preocupación ni tu miedo a perderla. Y es de lo único que te deberías ocupar porque son tus temores los que te están haciendo pasarlo mal, no ella.

Mi derecho a réplica

Tengo una incompatibilidad con mi pareja. Yo, cuando no estoy de acuerdo con algo, necesito ejercer mi derecho a réplica, y él se ofusca porque no nos ponemos de acuerdo y terminamos discutiendo sobre cosas absurdas. Luego se aísla, indignado, como si él tuviera siempre la razón. No pretendo tener la razón absoluta, solo tengo MIS razones y necesito expresarlas. ¿Cómo puedo conseguir que no se enfade y podamos conversar tranquilamente compartiendo puntos de vista? ¡No soy una muñeca hinchable sin cerebro!

Tu pregunta me ha recordado un gag de los míticos Monty Python, en que un hombre acude a una oficina de discusiones y el funcionario que hay allí se limita a contradecir absolutamente todo lo que él dice: el resultado es hilarante, pero en la vida real resulta muy frustrante. Y es que casi nadie sabe discutir. La gente cree que sí, pero no es verdad. Discutir es argumentar, exponer opiniones o hechos y escuchar con atención lo que la otra persona tenga que decir y tratar de ponerse en su lugar. Y ese normalmente no es el caso. Nos limitamos a esperar a que el otro acabe de hablar (a menudo entre bufidos, risillas de desprecio o miradas desaprobatorias) y luego le arrojamos nuestra opinión alzando la voz y gesticulando como gorilas. Vamos, lo que algunos conocen como «cena de Navidad» o «un lunes cualquiera en la oficina». El problema es que confundimos tener opiniones con tener personalidad, de forma que nuestro ego acaba tontamente herido si nos contradicen. Si no coincides conmigo, es que me desprecias como persona. Y lo curioso es que da absolutamente igual lo estúpida que pueda ser la discusión: ¿cómo, que no te gusta el helado de vainilla? Entonces tienes un gusto de mierda y mereces que te azoten en la plaza mayor del pueblo.

Toda esta introducción para decirte que el tuyo es un tema muy complicado. Un problema cuya solución tu pareja parece negar: el diálogo. Cuando no estéis de acuerdo en algo, siéntate con él y, sin alzar la voz, sin aspavientos, hazle entender que no coincides con él, pero que respetas su opinión, tal como él debería respetar la tuya, y que vuestro desencuentro verbal no pretende menospreciar su valía, la cual tienes muy en cuenta porque, vamos a ver, resulta que le quieres. Y si se cierra en banda, amplía el campo de batalla: mándale un tweet o un comentario de Facebook en abierto que todos vuestros amigos y seguidores puedan leer. Ahí se verá obligado a escucharte. Aunque también es muy probable que eso dinamite vuestra relación. Pero, ¿para qué existen las redes sociales si no es para airear nuestros trapos sucios y opiniones?

Sin salsa

Mi novia es un torbellino, le encanta hacer todo tipo de actividades. Desde que la conozco me ha arrastrado a clase de cocina japonesa, cocina francesa, cerámica, fotografía e incluso bailes de salón. Pero mi límite es bailar salsa. Lo odio. Y ahora la pone en casa a todas horas. Y si me quejo, me dice que le corto el rollo y que debo ser más abierto y me hace sentir culpable. Y no sé si es que soy muy blando o que ella me chantajea emocionalmente, pero ya me estoy cansando de esta situación. ¿Me ayudas?

A mí esto me parece tan fácil como explicarle que para una actividad a la que no le sigues tampoco tiene que torturarte, y bien se podría ir a salsa con una amiga y bailar hasta caer rendida y ponerla a todo trapo en casa mientras tú no estás, porque todo el mundo tiene sus fobias y justamente para ti es la salsa y todo ritmo latino que se le aproxime. Sugiérele a ella qué le parecería que tú le pusieras heavy y le forzaras a ir a clases de guitarra eléctrica bajo amenaza de cabrearte y no tocarle más por no seguirte el rollo. A ver qué le parece. Se ve que la señorita está acostumbrada a llevar la voz cantante y a que tú la tengas consentida, pero te aconsejo mantenerte en tus trece para que te respete y no piense que puede vapulearte como si fueras un pelele. Los peleles y los pusilánimes no nos ponen cachondas. Demuéstrale tu carácter desde los argumentos y la empatía y el empotramiento posterior vendrán rodados.

Mi pareja no se implica ni empatiza

Estoy preocupada por un tema de trabajo que tiene muchas aristas y me resulta muy difícil tomar una decisión. Le cuento a mi pareja todo lo que me planteo con pelos y señales, todos los pros y los contras, y lo único que acierta a decirme es «Haz lo que te dé la gana». ¿Qué manera es esa de apoyarme y ayudarme a encontrar una solución? Vale que la decisión la he de tomar yo, pero ¿no podría ser un poco más empático e implicarse simplemente dándome una opinión desde fuera?

¿Qué quieres que te diga? Que sí. Parece obvio que a tu pareja no le interesa un tema que te preocupa a ti y que, además, puede tener repercusiones en vuestro futuro común. ¿Le has preguntado el porqué de su actitud? Yo se lo plantearía, como siempre con mucha mano izquierda: «Necesito saber tu opinión, que me ayudes a tomar una decisión, que te involucres en las cosas que me preocupan.» Si él actúa como si le hubieras propuesto tirar la tele y pasar vuestras noches haciendo calceta, es que solo le interesas para una cosa. Tú sabrás para qué. Y si te interesa estar con alguien tan egoísta.

Haz lo que te dé la gana

Le digo a mi novia que tengo una cena con amigos o una despedida de soltera y su respuesta, invariablemente, es: «Haz lo que quieras, eres libre.» Pero la cara de mosqueo es peor que la de mi madre cuando le pedía permiso para salir toda la noche cuando ya era mayor de edad. ¿Realmente soy libre?

Ni de broma, el cabreo puede ser peor que el que ya lleva, probablemente confíe menos en que te juntes con tus amigos sin acabar poniéndole los cuernos que en la existencia de Dios. Tendrás que darle la vuelta ofreciéndole algo a cambio para poder hacer lo que quieres sin que os cueste una semana sin sexo. Dile que vaya con vosotros, para demostrarle que tu intención es impoluta; seguramente no irá con tal de no soportar a diez colegas borrachos juntos.

El puñetero fútbol

Estoy hartísima de que para mi pareja la mayor prioridad del mundo mundial sea el puñetero fútbol. Ya podemos tener una cena de amigos, un evento de mi trabajo, un concierto único en la ciudad en la última década, lo que sea, si hay partido, no tengo marido. Se junta con los amigotes a soltar berridos y a beber cervezas y ya lo puedo dar por perdido. Ya puedes decirle que su madre ha tenido un accidente o que el niño ha suspendido todo, no oye nada, esa concentración ya la quisiera yo cuando me está comiendo el coño. ¿No hay manera de remediar esto, por favor?

El final de tu correo me ha hecho reír mucho, pero que sepas que te entiendo perfectamente y te aseguro que millones de mujeres (y también muchos hombres) se sienten igual que tú. A riesgo de que una multitud aparezca ante mi puerta blandiendo antorchas y hachas, lo voy a decir: creo que le damos al deporte (y al fútbol en particular) una importancia que no merece. Y no me refiero a practicarlo: hacer deporte es estupendo, obviamente; yo mismo jugué a fútbol sala y baloncesto muchos años. Me refiero a considerar el deporte profesional no como un espectáculo ocasional sino como una religión, una droga, una razón de ser o, peor, de pelear: el deporte no debería servir para separarnos, ni de nuestros vecinos, ni de nuestros amigos, y mucho menos de nuestra pareja. Que yo entiendo que uno quiera ver un Barça-Madrid, o una final de la Champions, algo así, pero no es necesario tragarse noticias sobre el resfriado de tal jugador (atención a las noticias de la tele o de los diarios deportivos), o cualquier partido a pesar de no saber ubicar en un mapa su lugar de origen.

Dicho esto, vienen las malas noticias: veo complicado que puedas arreglarlo. Suele ser un vicio aprendido de mucho antes y nuestra sociedad lo apoya y alimenta. La solución, de nuevo, sería hacerle entender cómo te sientes y pedirle que te preste la atención que te mereces. Y si consigues eso, creo que puedes darte por satisfecha, porque lo que no vas a conseguir es que no se le vayan los ojos cada vez que vea un balón rodar y veintidós tipos corriendo detrás.

¿Cómo prevenir que la convivencia no nos separe?

Solo he convivido una vez en mi vida con una pareja, y me reventaba que las tareas domésticas recayeran sobre mí, como si la mujer estuviera genéticamente programada para limpiar, cocinar y hacer la cama. No he nacido para ser ama de casa, igual que él, y no se me da bien planchar ni cocinar, siempre como en restaurantes. Ahora mi novio me plantea que me vaya a vivir con él y me da pánico que la convivencia se cargue nuestra relación. ¿Cómo podemos hacer para que no nos afecte? ¿Cómo puedo seguir con mi tipo de vida de soltera estando en pareja?

No puedes. Es imposible tener lo bueno de las dos opciones. Vivir en pareja significa llegar a acuerdos y cambiar de costumbres, implica compromiso. Tú sabrás si te interesa renunciar a tu vida de soltera, como tú la llamas, o no. Si no te sientes preparada, díselo a tu chico antes de hacer las maletas. Una buena idea es probar una temporada viviendo juntos solo los fines de semana. Así os haréis una idea de vuestra compatibilidad. Y pactar qué esperáis del otro y un reparto de tareas equitativo. Piensa que nadie nace enseñado a vivir en pareja, que tenéis que aprender a caminar antes de correr. Y vale más probar esa fórmula intermedia antes que lanzaros a una convivencia que podría arruinar vuestra relación.

Voz de niña

Cuando mi chica hace algo mal o cuando quiere conseguir algo de mí, pone voz de niña pequeña, ¿sabes cómo te digo? Y dice frases como «uy, qué torpe soy». ¿Pero qué coño es esa infantilización? Me pone los pelos de punta, en serio.

Más que infantilización es victimización, le debía de funcionar muy bien de pequeña lo de poner carita de buena y excusitas tontas con sus padres y todavía se piensa que puede funcionarle con un hombre. Se hace la víctima para que no le eches broncas o se pone mimosa para utilizarte, la pobre no es ni sutil en su intento de manipulación.

Yo que tú le desmontaría el pastel, le haría un análisis exhaustivo de su comportamiento, desvelándole cada uno de los trucos que utiliza y aclarándole que se le ven claramente las intenciones, con lo cual estás absolutamente inmunizado, su jueguecito ha perdido toda eficacia y no tiene gracia ni sentido que siga aferrada a su psicología infantil, sino que más bien puede empezar a evolucionar y a comportarse como una adulta, que ya le corresponde. La gente solo cambia y deja de hacer lo que acostumbraba cuando ya no le funciona. Si consigue lo que quiere, no va a necesitar cambiar por sí misma mientras le sea rentable.

¿Y si vivimos cada uno en nuestro piso?

Mi pareja quiere que nos vayamos a vivir juntos pero soy muy independiente y estoy acostumbrada a estar sola y a mi bola, viajando, quedando con mis amigos, etc. Necesito mi espacio vital, por eso le he propuesto que cada uno vivamos en nuestra casa y nos vayamos juntando cuando nos apetezca, de forma que siempre podamos retirarnos cuando nos cansemos de estar en compañía. Él dice que no le quiero, ¿me tengo que ir a vivir con él por narices para demostrárselo? ¿Hay algún punto medio?

Pues a mí me parece buena idea. Aunque, ahora que lo pienso, solo recuerdo a una pareja que haya convivido así: Woody Allen y Mia Farrow, y la cosa no acabó muy bien para ellos. No, en serio, yo no creo que sea completamente imprescindible convivir con la persona amada. Es más práctico, sin duda, y más barato en términos estrictamente económicos, pero también implica una serie de problemas que te ahorras si cada uno se despierta en su cama y en su casa. Aunque lo ideal sería que vivierais muy cerca, en el mismo bloque o el mismo barrio, al menos. Lo que está claro es que no debes irte a vivir con él por miedo a que coja un berrinche, eso sería la receta perfecta para futuras peleas: tú acumularás resentimiento y él sospechas. Como he comentado en otra consulta, ¿por qué no llegáis a un acuerdo intermedio? Vivid juntos en semanas alternas. ¿Os parece un compromiso asumible?

Mi novio hace su vida sin mí

He alquilado un piso con mi pareja pero siento que él no tiene muchas ganas de estar conmigo porque cuando sale de trabajar se va a hacer deporte y/o a tocar la guitarra, luego queda muchos días a tomar una caña con los amigos, y nos vemos básicamente para comer, cenar y dormir, y los fines de semana, que unas veces quedamos con sus amigos y otras con los míos. A mí me gustaría que me dedicara más tiempo, parece que todos sus hobbies son más importantes que yo, que prefiero quedarme en casa para estar cuando él venga para no perder tiempo en común.

Me da la impresión de que tu novio te ha convertido en su casera con derecho a roce. Todas las ventajas de vivir en pareja, pero sin renunciar a sus cosas. Y tú vas y se lo permites. ¿Por qué? En serio: ¿por qué toleras que te trate así? ¿Votaste a Hitler en una vida pasada y mereces ser castigada por ello? Francamente, deberías coger a tu novio por las solapas y decirle el nombre de este libro: «Tenemos que hablar.» De primeras, que se acojone un poco. Pero luego le explicas que su actitud respecto a ti deja mucho que desear y enumera las cosas que necesita cambiar si quiere que vuestra relación sea de pareja y no de hospedaje.

Ella de noche

No sé si es por la diferencia de edad (soy nueve años mayor que mi pareja), pero cada vez mi chica y yo chocamos con nuestra idea de ocio. A ella le encanta salir de noche, beber hasta la salida del sol y pasarse las mañanas resacosa. Y yo ya no aguanto, a partir de las doce empiezo a bostezar (ella me llama «Cenicienta» con muy mala baba), no aguanto el alcohol como antes y cada vez disfruto más de los paseos matutinos del fin de semana, de tomarme un vermú y leer el periódico en una terraza. Ella me acusa de viejo y me siento fatal, pero es que no puedo seguir su ritmo. Y tengo miedo que al final se canse y me deje por alguien más fiestero. ¿Qué demonios hago?

O esperas a que ella también madure y se canse de salir de farra, que a todos nos pasa tarde o temprano, y mientras, soportas estoicamente sus puyitas y te vas a dormir cuando lo necesites; o asumes que estáis en momentos muy diferentes en vuestras vidas y vuestras preferencias son difícilmente compatibles y decides dejarlo.

Lo que no debes tolerar es que te haga sentir viejo por querer llevar un ritmo más relajado, acorde a lo que te pide tu cuerpo. Que ella cambie es tan difícil como que cambies tú, si vuestras prioridades están tan definidas. No estamos hablando de que a ella le guste la col y a ti te dé náuseas, sino de modos de vida e incluso de filosofías dispares.

No sé por qué asumes que se cansará ella, igual ya estás quemado y no te atreves a tomar la decisión, pero en este caso tienes que mirar más por ti mismo que por la continuidad de una relación que te mina la autoestima y te hace sentir fatal. En tus manos está, sé valiente, hay cantidad de mujeres maduras (que no viejas) por el mundo que salen por el día y han dejado la noche por puro y duro aburrimiento del percal.

¿Cómo consigo que cambie?

Mi novio es un desastre. Es olvidadizo, despistado, no asume responsabilidades básicas como ahorrar para tener un mínimo colchón para cualquier imprevisto, odia hacer planes, puede trabajar de cualquier cosa sin importarle la realización personal, es capaz de vivir de cualquier manera, sin reparar en el orden, ni en tener algo seguro. A mí me desestabiliza y me enerva, intento hacerle ver las ventajas de tener una seguridad y una estabilidad, pero no hay manera. ¿Cómo puedo conseguir que cambie, le meto un susto o le pongo un ultimátum?

A ver cómo te lo digo: no va a cambiar. Y déjame que te lo repita por si acaso crees que estoy bromeando, no lo estoy: no va a cambiar. Y no estoy diciendo que una persona adulta no pueda cambiar, claro que sí puede: por una experiencia traumática, como perder a un ser querido; o por una lección vital tipo tener un accidente de coche borracho o que tu novia se esté acostando con tu hermano. Ese tipo de cosas sí cambian. Pero pequeñeces como «no ahorrar» u «odia hacer planes», pues no. Ni por ti ni por nadie. Y claro que molesta, porque esas pequeñeces son las que cimentan una relación de pareja. No te queda otra que, o bien te armas de paciencia y decides que esos defectillos suyos que tanto te molestan no merecen la pena ser tenidos en cuenta, o bien te buscas otro novio con una cuenta de ahorro al día. Sea cual sea tu elección, recuerda para el futuro que los ultimátum los carga el diablo, todo el mundo odia ser puesto entre la espada y la pared, y que si a alguien le obligas a elegir entre no cambiar y tú, tienes que asumir que hay bastantes números de que no te elija a ti.

Solo le importa lo material

Mi marido solo se preocupa del dinero, de ganar mucho dinero, se ha pasado media vida formándose, estudiando noche y día para llegar a ser alguien; y ahora que no lo ha conseguido y es un alto ejecutivo, se pasa el día en el trabajo, y cuando llega a casa sigue centrado en su tableta o en su móvil haciendo llamadas o respondiendo mails. Solo le pido que esté presente cuando estamos juntos, pero él cree que con traerme flores y darme acceso a una cuenta de crédito boyante, yo ya tendría que estar más que satisfecha y reconocer su amor por mí. Solo le falta comprarme un robot sexual de última generación, cuando yo sería feliz yendo a comer juntos por ahí a pleno sol o disfrutando en el jacuzzi por la noche, pero fijo que se metería con el móvil en manos libres. ¿Cómo le explico que lo material no me llena emocionalmente y que le necesito a él?

Ay, pobrecilla. Qué dura es la vida de los ricos, ¿verdad? Te imagino pasando noches llorando y enjugándote las lágrimas con las perlas y limpiándote los mocos con el foulard de seda... Vamos a ver, lo tuyo es un caso flagrante de «problemas del primer mundo» que ya quisieran muchas mujeres del mundo.

Pero, vamos, como el espíritu de este libro es ayudar a todo el mundo, y nos consta que muchas mujeres sufren el mismo problema de que su marido crea que por ser el macho proveedor ya están demostrando su amor, allá voy: proponle unas vacaciones diferentes. Alquilad una bonita cabaña perdida en la montaña, lejos de la civilización, sin Internet ni cobertura, como las que salen en tantas películas de terror, pero sin asesino con hacha ni espíritu diabólico incluido. Y os tiráis allí cinco días, dos semanas, el tiempo que sea necesario para quitarle la adicción al trabajo: como Proyecto Hombre, pero en petit comité. Y hacéis el amor, cazáis gusarapos y mariposas y trepáis a los árboles para aullarle a la luna. Y si con eso no cambia, puedes hacer algo incluso más radical: habla con él. Habla con él y explícale que el único lujo que necesitas es su amor. Y que sientes que le estás perdiendo. Oye, igual incluso funciona. Ya nos contarás. Besis.

Trabajamos juntos

Mi marido y yo trabajamos juntos y me temo que esto va a acabar con nuestra relación porque es inevitable que nos afecten los problemas y las discusiones que tenemos en el trabajo como personas que somos. Y luego nos los llevamos cada uno en la cabeza a casa y es muy difícil desconectar y hacer como que no nos

hemos dicho todo eso y que no tiene nada que ver con nosotros como pareja. Además, creo que hay una cierta competitividad por su parte, como que él piensa que es mejor que yo y sus decisiones son más acertadas. Pero luego se ofusca cuando las cosas no salen como él quería, le doy soluciones y no las contempla siquiera. ¿Estoy presenciando el despliegue del ego masculino en plan pavo real?

Trabajar en pareja es una prueba para cualquier relación. Para superarla debéis sentaros a hablar y explicaros (incluso poner por escrito) lo que esperáis el uno del otro en el trabajo y de qué se puede y no se puede hablar luego en casa. Será necesario hacer un esfuerzo por parte de ambos, claro, pero es eso o que uno de los dos se despida. En cuanto al despliegue de ego masculino que comentas, pues podría ser. No me das ningún ejemplo y debo tomar tu impresión como cierta. Pero no me extrañaría porque muchos hombres llevan el gen competitivo allá donde pueden: su coche es el que más corre, ellos son los amantes más eficaces, los que mejor juegan a lo que sea y se creen capaces de todo tipo de proezas. Si te ha tocado en suerte un energúmeno así, incapaz de valorar tus propuestas, deberías proponerle una apuesta: que durante un mes te deje liderar a ti, que adopte cualquier medida que le sugieras; si pasado ese tiempo no se producen mejoras laborales gracias a ti, le prometes no volver a interferir. Seguro que no puede resistirse al juego. Y entonces la pelota estará en tu tejado. Haz que valga la pena.

Ya no es detallista

Mi compañero al principio era muy detallista. Cada dos por tres me traía flores, me tapaba los ojos y me daba alguna sorpresa, me mandaba poemas desde el trabajo, me llamaba o me mandaba mensajes a todas horas. Sin embargo, ahora que ya estamos afianzados, todo tipo de romanticismo ha muerto. Ya no tiene detalles ni por San Valentín, y difícilmente se acuerda de nuestro aniversario si no le doy pistas. Me siento desatendida, como si estuviera conmigo por inercia y no por amor. ¿Es reversible o tengo que prepararme psicológicamente para el final?

Me encanta que me hayas hecho esta pregunta, y te diré por qué: hay una cosa que muchas mujeres suelen olvidar, y es que el romanticismo es una carretera de dos direcciones. Es cierto que las mujeres se quejan infinitamente más que los hombres de la falta de atención y de romanticismo, pero eso probablemente sea por una cuestión cultural (cuesta imaginar a un señor, acodado en la barra de un bar, lamentando que su mujer ya no le deja notas escondidas en los cajones diciéndole que le quiere mientras el camarero le consuela con unos golpecitos en el hombro). Y probablemente también responda a que los hombres solemos ser más conformistas que las mujeres, es cierto, nos acomodamos antes a lo bueno y a lo malo. Pero apuesto que muchas de esas mujeres que se afligen por la pérdida de atención de sus parejas no toman la iniciativa y recuperan ese romanticismo mostrándoles el camino con ejemplos. Y no estoy hablando de comprarse lencería nueva (la lencería siempre es un regalo para vosotras mismas, no nos engañemos). Hablo de ir a buscarle al trabajo para comer juntos, de sorprenderle con un fin de semana los dos solos, de mandarle un mensaje a mediodía en el que le dices que echas de menos su olor. Y, ojo, que no estoy diciendo que sea tu caso. Pero también te digo que es más fácil quejarse que levantar el culo y hacer algo al respecto. Por ello te animo a que sorprendas a tu pareja con unos cuantos detalles. Y cuando él te pregunte por qué lo has hecho, dile algo agradable, que le recuerde cómo erais al principio. Y si después de un par de veces no se da por aludido, entonces tampoco te quejes: toma las riendas de tu vida y decide con quién quieres estar.

11

¿Te está siendo infiel o son tus celos?

Su ex nos amarga la vida

La ex de mi novio es una zorra. No solo le ha sacado toda la pasta con el divorcio, se ha quedado con la casa y el coche y cobra una pensión para su niña y para ella, sino que encima le chantajea con la niña, le hace jugarretas cada dos por tres y le está siempre enculando gastos extras, que él paga religiosamente, mientras conmigo no se permite ni un capricho porque no tiene dinero. Siento una rabia tremenda por esa tiparraca, pero no se lo puedo decir porque él se siente culpable por haberla dejado. ¿Qué puedo hacer para que me respete a mí por lo menos igual que a ella?

No tengo la impresión de que el problema sea una cuestión de respeto hacia ti sino que, como bien dices, él se siente culpable ante su ex. Además, debes entender que él tiene con ella un vínculo de por vida: su hija. Y es lógico que el bienestar de la pequeña sea su prioridad. Tienes que aceptarlo y, no solo eso, debes apoyarle. Que él no te vea como una fuente de disputas, que bastante tiene con su ex, sino como un oasis de paz. Porque la mejor manera que tienes de distanciarte de su ex es no parecerte en nada a ella, aportarle lo contrario: alegría, cariño y respaldo. Y seguro que con el tiempo la balanza acabará por inclinarse a tu favor. Paciencia, ánimo y procura relajarte. Piensa que la rabia es un monstruo que se retroalimenta y no produce nada bueno. No dejes que te devore.

No es que desconfíe de ti, desconfío de los otros tíos

Mi novio es un poco paranoico con la relación que tengo con mis amigos. Y cuando salgo con mis amigas se pone nervioso; incluso en el trabajo, siempre me pregunta qué tal con mis compañeros. Le digo que puede estar tranquilo por mi parte, pero él dice que no desconfía de mí, sino de los otros tíos. ¿No será un celoso patológico?

Pues sí, lo es. Esa frase lo delata. Tratar con alguien celoso es una pesadilla que no recomiendo a nadie. Sufres tú y sufre él. Y por mucho que intentes no despertar a ese monstruo interior suyo, no servirá de nada porque el celoso se alimenta de su propia paranoia. Yo hace muchos años tuve una novia que me montó una escena de celos porque saludé a su madre con un «hola, guapa». Si no le paras los pies y le haces ver lo enfermizo de su comportamiento, la cosa cada vez irá a peor y tú, por no disgustarle, acabarás recluida en una prisión de malos rollos y culpabilidad. Dile a las claras que los celos son una falta de respeto hacia la otra persona, y que sin respeto no puede haber amor, solo dominación. Y si no cambia su comportamiento, te animo muy seriamente a que lo dejes cuanto antes. Porque de los celos al maltrato hay solo un paso. No lo permitas, por favor.

Mi novia y sus ex

Mi chica tiene una excelente relación con todos sus ex, que no son pocos. El otro día, en una comida con amigos, soltó que en realidad aún está enamorada de todos ellos. Y se queda tan pancha. Como si eso fuera lo más normal del mundo. Y yo, que te juro que nunca he sido celoso, de pronto siento una inseguridad que me devora y no sé cómo gestionarlo. Me dan ganas de mandarlo todo al carajo para no sufrir. ¿Qué puedo hacer?

Decir que sigues enamorada de todos tus ex es solo una forma de hablar, significa que todos ellos eran buenos tíos, pero por algo los dejó, probablemente porque la relación no funcionaba, por los motivos que fuera, vete a saber, y prefirió tenerlos como amigos antes que perderlos como personas. También implica que ha tenido siempre buen criterio y no se ha liado con capullos, lo cual te incluye a ti entre los grandes hombres que se ha encontrado. Y ahora está contigo porque vuestra relación sí funciona y la hace feliz.

Desde esa base, no lo dejará contigo si sigues comportándote como un hombre seguro que no se toma ese tipo de comentarios a mal. Los celos nunca aportan nada nuevo, y yo estoy segura de que no volvería con ninguno de ellos aunque lo dejarais. A lo mejor les contaría a ellos, como amigos, que le ha ido mal, pero no para usarlos de paño de lágrimas, sino para desahogarse. No seas tú el primer ex con el que no se puede llevar bien. Confía en ella y relájate, tienes una novia que no necesita acabar con sus parejas montando un pitote, sino que lo hace de forma racional y desde el cariño. Eso te garantiza que no irá a putearte si en algún momento lo vuestro se agota en sí mismo. ¡Es un lujo!

Mi novio ha cambiado la contraseña de todo

Estoy muy mosqueada porque hace unos meses decidimos con mi pareja cerrar nuestras cuentas de FB para evitarnos los problemas de celos que teníamos los dos al ver fotos con nuestros ex, o con amigos, etc. ¿Cuál no sería mi sorpresa al ir a entrar en su FB y encontrarme con un mensaje de que su contraseña había sido cambiada? Y, ya puesta, he probado también en su mail, y lo mismo. Evidentemente, no se lo puedo reprochar porque se cabreará por haber hurgado en su intimidad, y perderá la confianza en mí, pero es que yo ya la he perdido en él. ¿Debo decírselo para empezar de cero o sigo indagando a la espera de averiguar por qué me ha mentido?

Con este tema soy muy radical y no tolero bromas: si no eres capaz de superar tus celos, no mereces estar con nadie. Mejor te mantienes soltera y no te amargas la vida y, lo que es más importante, no se la amargas a nadie más. Esa frase de «si no siente celos, es que no te quiere» ha hecho muchísimo daño. Los celos no tienen nada que ver con el amor. Todo lo contrario: tienen que ver con la inseguridad, con la incapacidad de confiar, y es un defecto tuyo, no de tu pareja. Y no estoy diciendo que no sea normal sentir de vez en cuando una punzada de su veneno. Por ejemplo, si mi novia queda a cenar con un ex suyo con el que mantiene una buena relación, es humano que durante un segundo yo sienta un poco de inquietud, pero soy consciente de que es algo malo, algo negativo, y no puedo dejarme llevar por ello. A una pareja se le debe respeto ante todo, y los celos son una falta absoluta de respeto.

Dicho esto, voy a responder a tu duda con un par de preguntas. Tú misma reconoces que habéis tenido problemas de celos en un pasado reciente. Y sin embargo sigues investigándole, desconfiando, y con razón porque es evidente que él te está ocultando algo. Así que interrógate a ti misma: ¿en qué se basa vuestra relación? ¿Vale la pena que sigáis así? Allá tú con las respuestas.

Los celos de ella

Soy de esos hombres que se siente más a gusto en compañía femenina que masculina. En el trabajo me

llevo mejor con las chicas y desayuno y como con ellas. Y mi mujer lo lleva fatal. Tiene tantos celos que para evitar discusiones le llego a ocultar cosas, le miento, aunque te aseguro que le soy completamente fiel. Pero cada vez me siento peor, como si estuviera haciendo algo malo. Y la verdad es que empiezo a tener ganas de ponerle los cuernos porque creo que en el fondo es lo que está buscando, sentir que tiene razón. ¿Qué hago para acabar con esta situación?

Parece ser que tu esposa no concibe la amistad entre hombres y mujeres y que siempre tiene que mediar una atracción sexual entre ambos géneros. Eso es un error que será fácil hacerle ver si ella tiene algún amigo hombre. Pregúntale: ¿Tú te liarías con él? Si lo niega, la defensa es fácil: «¿Ves? Pues yo tampoco, ni el menor interés, son mis amigas, me llevo bien con ellas, me ayudan a entender a las mujeres y me parecen más interesantes en sus conversaciones que los hombres.» Si no tiene ni un solo amigo, el problema lo tiene ella, pero el argumento es parecido.

Que ella no sea capaz de mantener una amistad con una persona por el hecho de que tenga un miembro viril manifiesta su inseguridad para no mezclar las cosas. Quizás es celosa precisamente por su incapacidad y lo extrapola a ti. Puedes decirle que precisamente su desconfianza es lo único que podría arrojarte a los brazos de otra, pero no precisamente con una de tus amigas y compañeras, sino de alguna desconocida que, de repente, por hartazgo, te atrajera sexualmente por primera vez. Lo vetado nos llama, eso debería saberlo cualquier adulto y haría bien en no jugar con fuego. Explícale todo esto y, si no se convence, antes de serle infiel, déjala, para que nunca pueda darse el gusto de reprocharte que ella tenía razón.

Mi marido quiere estar con otras

Mi marido me ha propuesto que tengamos una relación abierta para que podamos tener relaciones sexuales con otras personas de tanto en tanto, pero lo cierto es que yo no lo necesito porque con él tengo una sexualidad completamente satisfactoria y no me merece la pena probar con otros para un polvo de una noche con el que, habitualmente, no te quedas a gusto, la mayoría van a su rollo, no tengo la confianza ni la intimidad, y me siento vacía. Para él es rentable sexualmente porque seguro que llega al orgasmo, pero para mí sería un milagro. ¿Cómo confío ahora en él cuando sé que tiene ganas de estar con otras?

Tu marido ha cruzado un límite que no tiene marcha atrás. Ya no puede decir, «que no, que era broma. Menuda cara has puesto». Supongo que le habrá dado muchas vueltas antes de decírtelo, o de lo contrario es un inconsciente. Si miramos el lado positivo, no se está yendo de putas ni liándose con una compañera de trabajo a tus espaldas.

Pero ahora vamos a mirarlo por el otro lado, el que yo creo que es el correcto: tu marido ya le tiene echado el ojo a alguna; de hecho es muy probable que ya hayan tenido algún escarceo. Y, o bien le remuerde la conciencia al engañarte y por eso te sale con lo de la relación abierta, o es que no se atreve a romper contigo y ha escogido esa vía para que lo vuestro se deteriore y acabe por desmoronarse por su propio peso.

Pero hay otra posibilidad: tu marido tiene tantas ganas de zumbarse a otras mujeres que no tiene el menor reparo en arriesgarse a sacrificar vuestro matrimonio y a que tú conozcas a otro hombre. Su deseo está muy por encima del cariño que siente (si es que aún lo siente) por ti. Así las cosas, o te separas, o puedes aprovechar para hacer de tu capa un sayo y disfrutar fuera de casa y, quién sabe, quizás encontrar a alguien que, como tú, prefiera la monogamia.

Los fantasmas de mis ex novias

Ahora mismo no tengo pareja, pero no será porque no lo intente. He notado que en las primeras citas las chicas siempre te preguntan por las ex novias y, la verdad, nunca sé qué decir. Si cuento que con tal acabé fatal, parece que malo. Si explico que me llevo súper bien con la última, también mal. ¿Cuál es la receta mágica? Además, ¿qué carajo importan mis ex?

Normalmente las mujeres preguntamos esas cosas para a) saber hasta qué punto estamos a salvo de que la ex interfiera en una posible historia con el tío, bien para vengarse o bien para recuperarlo; b) saber qué tipo de persona tenemos delante, si es una que suele acabar bien con sus parejas o como el rosario de la Aurora, haciendo pupa, poniendo los cuernos o montando un pitote imperdonable. Si te llevas fatal, sospechamos que la culpa será tuya, a menos que expliques que eres un mártir y la tía te maltrataba, como mínimo psicológicamente. En ningún caso digas que era una hija de puta, porque pensaremos que eso será lo que digas de nosotras cuando lo dejemos. Si dices que te llevas de maravilla, peligro, es que no la has olvidado y queda todavía vigente entre vosotros el vínculo afectivo que nosotros aún tardaremos en alcanzar, ergo, la sentiremos como una amenaza. La opción más aceptable es que acabasteis bien, lo dejasteis de mutuo acuerdo porque ya no estabais enamorados y era una relación prácticamente fraternal, y ahora tampoco es que estéis continuamente en contacto pero de vez en cuando os dais un toque a ver qué tal vuestras respectivas vidas. Sin más.

¿Los cibercuernos cuentan como infidelidad?

Recientemente he conocido a un chico por Internet. No nos hemos visto jamás, mi foto de perfil es falsa y sospecho que la suya también, pero la cosa se me ha ido de las manos y nos mandamos mensajes abiertamente eróticos, y el otro día me toqué leyéndole. El problema es que tengo novio. ¿Le estoy engañando?

La regla al respecto es muy sencilla: si sospechas que estás poniendo los cuernos, es que los estás poniendo.

Por supuesto, luego todo depende de tu sentido moral. Por ejemplo, para Bill Clinton lo tuyo es de patio de recreo. Y para mucha otra gente seguro que no pasa de ser un inocente tonteo. Hay quien dice que si no hay intercambio de fluidos no existe delito. Yo no lo tengo tan claro. Y no quiero parecer mojigato a estas alturas del libro. Pero creo que conviene dilucidar qué entra en el terreno de la fantasía y qué del engaño. Mirar a alguien del sexo contrario por la calle (o en una peli, o donde sea) y pensar «te iba a dar lametones hasta que olvidaras tu propio nombre» no deja de ser un relámpago de deseo, sin consecuencias, siempre que no te quedes mirando demasiado tiempo o lo verbalices en voz alta. Al fin y al cabo solo es un cuerpo bonito, una cara guapa, no sabes nada de esa persona. Pero con ese chico que has conocido por Internet estás compartiendo intimidad, y para mí eso lo cambia todo. ¿Seguro que para ti no?

Le miro el móvil a escondidas

Mi chica se escribe con su ex a mis espaldas. Lo sé porque le miro el móvil cuando se ducha. No se escriben nada sexual, pero me jode. Sobre todo porque le he preguntado un par de veces por él y ella me ha dicho que hace tiempo que no sabe nada de él. ¿Qué hago? Si se entera que le miro el móvil me lo echará en cara, pero no soporto que me mienta, siento que ya no puedo confiar en ella para nada.

Sin duda te mereces que te lo eche en cara y que te deje por fisgar en su intimidad; piensa qué tal te sentaría a ti lo contrario. El caso es que tus celos más o menos subyacentes podrían ser el motivo por el que tu novia no te cuenta que se habla con su ex, para no preocuparte cuando entre ellos no hay nada más que una amistad. También es posible que tu pareja recurra a su ex porque con él tiene la confianza que a ti aún te falta demostrarle a ella. ¡Ojo, no la arrojes a sus brazos y acabes siendo tú el ex con el que chatea amigablemente mientras mantiene una bonita relación con el otro!

Necesito un tiempo

Mi novio me ha pedido que nos tomemos un tiempo para pensar si seguimos con la relación. Pero yo lo tengo muy claro, sé lo que siento y sé que quiero estar con él. ¿Qué puedo hacer? ¿Hay alguna solución en mi mano? No quiero presionarle pero me temo que es una excusa para dejarlo y no volver, porque tiene otra en el horizonte.

Hay un refrán de Confucio que a mí encanta recordar cuando las cosas se me tuercen: «Si tu mal tiene remedio, de qué te quejas. Y si tu mal no tiene remedio, de qué te quejas». Y esto viene a cuento porque me temo que tienes las manos atadas y solo puedes confiar en el futuro. Si te ha pedido tiempo, dáselo. ¿Qué ganas con negárselo? Nada, solo conseguirás que decida romper de una vez por todas. Y si resulta que, tal como temes, él ya tiene a «otra en el horizonte», ¿qué ganas con agobiarte? Si es así, igualmente acabará dejándote. Por tanto, tu única opción es dar un paso atrás y darle ese tiempo que reclama.

Y no le atosigues, no le mandes mensajes diciendo que estás ahí para lo que quiera, porque no lo estás. Estarás ahí cuando decida tomarse vuestra relación en serio, y no antes. Y aprovecha ese tiempo para reflexionar cuáles deberían ser tus prioridades y céntrate en conseguir objetivos que sí estén a tu alcance. Mucha suerte, de verdad.

Estoy siendo infiel con mi ex

Salí con la que creía que era la mujer de mi vida durante tres años. Luego rompió ella y estuve hecho polvo, pero lo superé y ahora salgo con una chica estupenda. Y mi ex también tiene pareja en serio. Pero un día me llamó para quedar y ahora nos hemos convertido en amantes. Ella me dice que por qué renunciar al buen sexo que siempre hemos tenido entre nosotros. Y a mí al principio me parecía bien, pero ahora cada vez me siento peor y no sé qué hacer. Tengo miedo de perder la oportunidad de recuperarla si le digo de volver, pero tampoco quiero seguir asi. ¿Qué puedo hacer?

Lo más evidente aquí es tu miedo a quedarte solo. Si pudieras, estarías con tu ex, pero por si acaso no quiere volver, sigues con la nueva para asegurarte la compañía. Lo realmente honesto sería dejar a tu novia, para empezar por quitarte un factor estresante de en medio. Está claro que no estás enamorado por mucho que sea estupenda, y precisamente por eso no se merece ser la apaleada.

Una vez resuelto ese pequeño asunto sin importancia, si tu ex ve que estás soltero, puede reaccionar de dos modos: lanzarse a tu cuello para volver contigo o bien retirarse del todo porque ya podríais tener una relación sin esconderos, y justo eso es lo que ella no quería, pues sabe que, si sigue, acabará volviendo a hacerte daño.

La tercera vía es que tu ex quiera la tostada untada por los dos lados, y prefiera mantener la relación ideal con su novio y contigo solo la parte sexual. ¿Quieres tú conformarte solo con tener sexo con ella o sigues enamorado y lo vas a pasar fatal sintiéndote como un pelele a su disposición? Sigues enganchado a esa chica, por si no te has dado cuenta, y hasta que no lo superes y rompas el vínculo, no podrás estar bien con nadie.

Estoy enamorada de dos a la vez

Tengo marido y amante desde hace exactamente los mismos años. Mi marido y yo acordamos que podíamos tener alguna infidelidad siempre que no repitiéramos con el mismo, pero yo estoy enamorada de los dos y no puedo evitarlo. Lo he intentado todo y es imposible. Necesito volver al otro y me escapo cada vez más para quedar con él. Sé que estoy jugando con fuego, pero ¿qué otra cosa puedo hacer?

¿Qué tal ser sincera y explicarle a tu marido lo que llevas haciendo a sus espaldas todo este tiempo? Que yo comprendo que lo de estar en misa y repicando debe de ser la pera, pero construir tu felicidad sobre un engaño y a costa de otro no está bien. ¿Lo entiendes? Es que igual te saltaste las clases de ética del instituto para ir a fumar. Engañar está mal, no se hace. Échale ovarios y explícale a tu marido qué está pasando. Y si a él le parece bien, pues oye, tan contentos todos.

Pero, ay, que me parece a mí que a ti lo que te va es lo de tener a otro. Ese drama, ese tira y afloja, ese nerviosismo, esa risilla secreta. ¿Tengo razón? Entonces, esta respuesta no sirve de nada porque vas a seguir igual, engañando, enganchada a ese sentirse atrapada, a ser traviesa. En fin. Mis recuerdos a tu marido.

Cena de empresa

Hay una chica de mi trabajo que me gustaba desde hace tiempo. Y tenía la impresión de que yo también le hacía gracia a ella. La cuestión es que en la cena de Navidad me armé de valor y de un par de gintonics y le eché los tejos. Acabamos la noche follando en mi coche. El problema o, mejor dicho, el doble problema es que ambos tenemos pareja. Y a mí me gustaría volver a verla, probar si lo nuestro puede llegar a algo más. Pero ella en el trabajo me ignora y no sé si es por guardar las apariencias o porque está arrepentida. ¿Cómo lo hago para hacerle saber mis intenciones sin hacer que las cosas se pongan raras entre los dos?

En cualquier caso, te ignora; si no ves señales por su parte de ningún tipo, timidez al menos, que se ruborice, algo, no sé si necesitas llegar al punto de que te diga que no a la cara, no sería muy agradable para ti y seguramente luego sería muy incómodo cruzaros por la oficina. Si la pillas mirándote a escondidas, si notas alguna atracción sexual que necesita volver a ser resuelta, proponle ir a tomar algo después del trabajo precisamente para plantearle que no es necesario que te ignore, que la situación así es un poco rara para ti y, además, al resto de los compañeros les da pistas de que algo sucedió. Y ya de paso la tanteas a ver qué posibilidades tienes de repetir. Si no te corresponde, al menos te ahorrarás la indiferencia forzosa a la que te tiene sometido. Ah, e igual dejas a tu novia independientemente de lo que pase con esta o le dices que mejor que tengáis una relación abierta y se tire también a quien le apetezca.

12

Se acabó lo que se daba... o no.

Mi marido está volviendo a los 20

Mi pareja está cambiando mucho últimamente. Llevamos 15 años juntos, él ronda los 40 y nunca le había visto tan activo y preocupado por su físico y por estar atractivo. Se ha puesto a dieta, ha entrado en la obsesión esa del running y ha renovado el armario con ropa de veinteañero modernillo. Hasta se ha puesto un piercing, se está haciendo la depilación integral con láser y se está dejando barba en plan hipster. Lo único que no parece preocuparle soy yo, debo de quedar mal decorativamente en su nuevo estilo de vida. ¿Estará con otra? ¿Está esperando a estar del todo perfecto para dejarlo y lanzarse al mercado carnal en plan divorciado de oro?

Igual es verdad eso de que los 40 son los nuevos 30, vete a saber. Mira, a los hombres también nos cuesta asumir lo de cumplir años. Cuando éramos pequeños alguien de 40 tacos era un señor con la vida resuelta, pero resulta que ahora nosotros con esa edad nos sentimos igual de indecisos que de adolescentes, pero sin espinillas ni poluciones nocturnas. Quiero decir con esto que el hecho de que tu marido esté pasando por una crisis de identidad no significa que automáticamente vaya a abandonarte por otra mujer más joven. En lugar de mirarle con resquemor, apóyale y dile lo guapo que está y, de paso, aconséjale para que no haga el ridículo: lo del piercing igual es ir demasiado lejos.

Tenemos que hablar

Hace unos meses que no estamos del todo bien con mi chica y hoy me ha dicho que tenemos que hablar. Me ha dejado temblando porque normalmente solemos hablar bastante, así que no veo la necesidad de anunciarlo. ¿Debo temerme lo peor?

Cuando una mujer pronuncia esas tres palabras, no te espera precisamente una conversación sobre lo maravillosa que es vuestra relación para brindar por ella. O te va a caer una bronca que te va a dejar tieso y sin posibilidades de defenderte o te va a dejar definitivamente. Por si fuera lo primero, vete pensando en las razones que le hayas podido dar para cabrearse y prepararte los argumentos. Si es que te deja, lo tiene más claro que el agua y solo te queda aceptarlo y a otra cosa.

Si te vas a sentir incómoda, no iré a la fiesta de Fulanito

Hace poco que mi novio me dejó pero seguimos en contacto por Whatsapp y el otro día hablamos de que íbamos a coincidir en una fiesta de amigos comunes. A mí me encantaría verlo, quizá sería un momento perfecto para volver, pero él me dijo que si me iba a sentir incómoda, no iría. ¿Qué debo entender?

Si te dice algo semejante, de tamaña condescendencia, es que no tiene el menor interés en ti. Al contrario, espera que si apareces por la fiesta no le estropees la oportunidad de ligar con otras. Ni te dignes en contestarle. Es hora de pasar página.

Maldito deseo

Mi novia me cae mal. No, es peor: me cae fatal. Es superficial, vanidosa, mezquina, chabacana. Y para colmo creo que yo tampoco le caigo muy bien a ella. Pero es que cada vez que rozo su piel, cada vez que nos besamos, pierdo la cabeza. En serio. En esos momentos podría hacer conmigo lo que quisiera. Así que quiero proponerle que lo dejemos, pero que sigamos follando. ¿Cómo lo hago?

Pues a mí me parece muy buena idea proponérselo tal cual. «Mira, tú y yo no nos llevamos bien salvo sexualmente, así que he pensado que por qué no nos seguimos viendo cuando a los dos nos apetezca para follar, y dejamos de salir juntos puesto que no tenemos nada en común.» Si acepta, eso que te ahorras de malos ratos, y si no acepta, tampoco pierdes tanto, mujeres que te atraigan puede haber cientos, pero estar taponándote para conocer a alguna que te guste en todos los aspectos solamente por tener buen sexo es un poco reduccionista. Y estoy segura de que tanto tú como tu gran amante os merecéis bastante más y mejor.

Te echo de menos
(después de medianoche)

He tenido un rollo con un tipo durante un par de meses pero últimamente nos hemos distanciado y no quedamos para nada. El caso es que el sábado por la noche me escribió «Te echo de menos» por Whatsapp, interpreto que estaría por ahí con sus amigos. Yo estaba durmiendo y no lo vi hasta la mañana siguiente, pero no sé si era verdad o solo un calentón.

Me sorprende tu optimismo. Así que, para evitarte un disgusto mayor, voy a ser muy clarito, toma buena nota: Si te escribe ese mensaje pasadas las 12 de la noche, es que echa de menos el sexo fácil. Nada más. Se ha tomado unas copas, no ha pillado cacho y anda más caliente que un adolescente en la fiesta de pijamas de su hermana mayor. Ni se te ocurra contestar.

Sí, pero como amiga

No sé cómo romper con mi chica. Sé que suena tonto, pero es que es una chica estupenda, maravillosa, pero ya no estoy enamorado de ella. Ni siquiera hay una tercera persona, pero mis sentimientos hacia ella son más de amistad que románticos. Pero ella sigue loca por mí y me lo demuestra a diario. Y yo no quiero hacerle daño, pero tengo la sensación de que cuanto más tarde, peor será. ¿Cómo rompo con ella de la mejor manera?

Dile que la quieres mucho, que la valoras infinitamente, pero que se ha convertido en un amor fraternal, que has perdido la chispa y la llevas tiempo buscando pero no la encuentras, y que siempre vas a ser su amigo y su apoyo pero prefieres ser sincero y dejarla libre para que pueda rehacer su vida con alguien que le corresponda como se merece. No le hagas un «No eres tú, soy yo»; ni un «tú te mereces a alguien mejor»... Simplemente dile la verdad, con cariño, y no cedas ante sus lágrimas ni sus peticiones de segundas oportunidades, solo lograrán alargar la agonía cuando tú lo tienes decidido y sabes que no tiene remedio. Sé valiente como si te persiguiera un toro en Sanfermines y no mires atrás. Cualquier tiempo futuro será mejor para los dos.

¿Por qué sigue buscándome si lo hemos dejado ambos?

Mi novio y yo lo hemos dejado de mutuo acuerdo porque ya no nos deseábamos, pero él me sigue llamando y viniendo a buscar al trabajo a veces, o se hace el encontradizo por los bares cuando estoy con mis amigas, me manda whatsapps en plan amigable los fines de semana cuando tiene tiempo libre, contándome su vida y milagros. Es como que sigue enganchado, y no sé si quiere volver conmigo o es que está aburrido.

La cuestión es, ¿quieres volver con él? Porque empiezas diciendo que lo habéis dejado los dos de mutuo acuerdo, pero sin embargo dices «mi novio» y no «mi ex». Eso delata, aunque sea a nivel inconsciente, que tú no sientes que lo vuestro se haya cerrado del todo. Por otro lado, cuando se ha estado mucho tiempo con alguien, es muy normal echarlo de menos, especialmente si la ruptura ha sido limpia, sin terceras personas. Él está acostumbrado a ti y viceversa. Sin embargo, si seguís viéndoos, no os estáis haciendo ningún favor. Cuando se acaba una relación es necesario pasar un proceso de luto para poder superarlo, y eso implica no veros por un tiempo. Por ello mi consejo es que cojáis el toro por los cuernos y decidáis si queréis daros otra oportunidad o zanjar lo vuestro definitivamente.

¿Por qué sigue viviendo conmigo si me ha dejado?

Mi novia me ha dejado a pesar de que yo prefería seguir apostando por solucionarlo, pero sigue viviendo conmigo, dormimos juntos muchas noches, sin relaciones sexuales; y me dice que me quiere, pero que no puede salir conmigo. No entiendo nada, pero no me atrevo a pedirle que se vaya o que me lo explique porque prefiero seguir teniéndola a mi lado aunque sea así, igual al final se da cuenta de que es más feliz volviendo a ser pareja.

Tu novia te tiene compasión y no quiere dejarte solo porque se siente culpable por el daño que te ha hecho y quiere ser ella la verduga que salve al ahorcado. Te quiere como hermano y como amigo, pero no como novio; si le atrajeras, no podría dormir contigo, lo hace como si fueras un peluche. Ella tiene exactamente la misma dependencia que tú de ella, aunque parezca más fuerte por haber tomado la decisión. Deberíais dejar de vivir juntos y esperar un tiempo a que se rompa ese vínculo de intimidad para poder llegar a ser amigos. Mis condolencias...

13

¿Qué quieren decir cuando?

¿Por qué las mujeres hablan con indirectas?

Mi novia es incapaz de pedir las cosas directamente, y luego se queja de que no le pillo las indirectas y no le doy lo que necesita, como si yo fuera adivino o tuviera un radar para interpretar cada deseo oculto tras sus frasecitas. Por ejemplo, «Ay, tengo un antojo de carne de canguro». ¿Qué se supone que he de hacer, irme a Australia?

Cuando una mujer expresa un antojo, un deseo en forma de comentario casual del tipo: «He visto un bolso más chulo en tal tienda, pero era tan caro...» Está pidiendo a gritos que se lo concedas, que vayas y apoquines y se lo traigas envuelto con un lazo. Lo que pasa es que nos han enseñado a manipular para no pedir expresamente y hacerle creer al hombre que sale de su propia iniciativa y por amor. Es absurdo, lo sé, sobre todo porque vosotros si no os piden directamente, no sabéis lo que tenéis que dar y de pensar en regalos originales vais atascadillos, pero es que no nos parece digno ir de pedigüeñas. Algunas ni siquiera soltamos la indirecta y nos lo compramos nosotras para no rebajarnos a semejante nivel, pero esas ya rozamos el feminismo radical, seguro.

Vamos a pasar por el bar que estarán mis amigos

Hace unos meses que estoy con un chico muy majo, y normalmente salimos solos a cenar y a tomar algo, pero el otro día me propuso ir a un bar donde estaban sus colegas a tomar algo. ¿Igual es que se está aburriendo de estar a solas conmigo?

Le gustas de verdad y quiere presentarte a sus amigos para ver qué les pareces. Compórtate relajada y derrocha simpatía e interés por sus amigos, pero no seas demasiado cariñosa para no hacerle sentir incómodo.

¿Qué narices quiere decir mi chica cuando me dice «Estoy premenstrual»?

Pues fundamentalmente te está avisando de que está muy susceptible, todo lo que digas o hagas será utilizado en tu contra y, además, tiene licencia para matar porque el Síndrome Premenstrual nos altera tanto hormonalmente que sirve como atenuante legal en caso de homicidio o de cercenamiento del miembro. Así que tú, paciencia y mucho amor, y llévale bombones, porque en cualquier momento le dará un ataque de ansiedad y te bendecirá por haber estado tan atento y no tener que bajar a las 12 de la noche al chino a implorarle que le venda un bote de Nutella.

Solo quiero sexo, sin compromiso

He conocido a una chica que es muy independiente y está muy loca, y eso me encanta, pero me ha advertido que ella solo quiere sexo sin compromiso. ¿Realmente me lo puedo creer o en el fondo será justamente la más romántica y la que antes caiga enamorada a cuatro patas y solo se está haciendo la dura?

Las mujeres tenemos la dichosa manía de hacer declaraciones de principios para protegernos. Y queremos liberarnos y convencernos de que podemos tener sexo sin compromiso y sin engancharnos al tío. El problema es que cuando el susodicho nos atrae y sentimos una química especial, nos gustaría repetir. Primero, por placer; y segundo porque, si él no quiere repetir, nos sentimos mal con nosotras mismas, como si no valiésemos lo suficiente porque él no nos ha valorado. No sé si por influencia de las milongas que nos han imbuido cultural y socialmente sobre el amor romántico o porque realmente nos gusta estar en pareja o por necesidad de compañía, pero lo cierto es que en el fondo, la mayoría, cuando nos acostamos con un tío una noche, desearíamos llevarnos una sorpresa y que ese fuera el definitivo. Porque pulular mucho de uno en otro cansa y no es tan rentable sexualmente como para vosotros.

Nunca había sentido nada parecido a esto

Estoy saliendo con alguien que me da un poco de miedo porque me dice que nunca había sentido nada parecido a lo que tenemos, y no sé si me está engañando para conquistarme, para que me relaje.

Si no tiene diecisiete años o sufre de amnesia, es que miente. Pero en este caso eso no tiene por qué ser necesariamente malo: si ya lleváis juntos un tiempo, puede que quiera dejarte claro que está enamorado. Si lleváis poco tiempo es que es un tipo inseguro y necesita ese tipo de intensidad para sentirse mejor consigo mismo.

Te lo dije

No entiendo la manía que tiene mi novia de refrotarme por las narices el típico «Te lo dije» cuando hemos hablado de algo, he tomado una decisión y al final resulta que tenía ella razón. Vale, ya me he dado cuenta, ¿qué más quiere?

Ciertamente, un te lo dije es un «idiota» en toda regla, y para ella es una reafirmación de que tenía razón y es más lista que tú y siempre acertará más que tú y por eso le tienes que hacer caso la próxima vez y no la deberías dejar porque la necesitas para tu propia supervivencia.

O sea, que en el fondo está insegura y necesita hacerte sentir inferior para sentirse ella superior e imprescindible. Puedes decirle: «Sí, tenías razón», mientras le acaricias el pelito como si fuera un caniche.

Yo soy así

Cada vez que le digo a mi novio algo que me molesta de él, que no es de recibo o que, directamente, se pasa tres pueblos, me espeta: «Yo soy así.» Como excusa para todo. ¿Qué puedo hacer?

Date por jodida. Es así porque su madre lo parió así y no tiene ninguna intención de cambiar dado que la evolución para él se quedó en el paso del mono al bípedo. Es alérgico a las conversaciones sobre crecimiento personal, autoanálisis, autocrítica y autoayuda. A todo lo que suene a auto en general y no lleve ruedas. No esperes que crezca, que madure o que modifique algún hábito, vicio o conducta porque, sinceramente, se la bufa. Y le da igual perderte por ello, no lo dudes. Cómprale cacahuetes y plátanos.

Sal con tus amigos, no te preocupes

Mi novia me dijo este jueves, cuando le planteé que iba a salir con los colegas: «Sal con tus amigos, no te preocupes, ya me buscaré yo la vida.» Yo me lo tomé literalmente y mi sorpresa fue mayúscula cuando al

día siguiente no me cogió el móvil en todo el día, y cuando por fin se dignó, estaba con un rebote monumental. Además, empezó a contarme que ella había salido y se lo había pasado de maravilla y blablablá. No entendí nada, ¿me lo explicas?

Ese «sal con tus amigos, no te preocupes» ya es preocupante de por sí, pues significa que tendrías que haberte preocupado por lo que quería hacer ella antes de quedar con ellos. Pero como no lo has hecho, y no te lo puede prohibir, añade que ya se buscará la vida, lo cual se traduce en que «te vas a cagar». Y eso se divide en dos consecuencias: «El cabreo me va a durar más que la regla y te va a suponer el mismo precio.» Y dos: «Voy a salir sola o con amigas y voy a liar una que, si no te pongo los cuernos con otro, será porque iré demasiado borracha.» Así que la próxima vez, si quieres evitarte marrones, consulta con ella para hacer planes y organízalos primero con ella, y luego, el día que no quedéis, organizas la salida con tus colegas, y ella que quede con los suyos. Y todos tan contentos y sin castigo posterior, ¿no te parece?

Lo que ves es lo que hay

Estoy saliendo con un hombre que me ha descrito con pelos y señales su situación y ahora, cada vez que le pido algo o le llamo la atención sobre algo que me molesta, me recuerda: «Lo que hay es lo que hay, ya lo sabías.» ¿Es que eso le exime ya de todo?

Cuando un hombre te advierte esto, previa explicación de lo que hay, que usualmente es una mujer y unos hijos y tú vienes a ser la amante (aunque podrían existir otras variantes de la realidad), te está traspasando a ti toda la responsabilidad si decides quedarte a su verita.

Es decir, pase lo que pase entre vosotros, en cuanto la cosa se pone chunga para ti y tú osas reprochárselo, te va a espetar un «lo que hay es lo que hay, tú ya lo sabías porque yo te lo advertí al principio, así que no te quejes». Bonita.

Te ha aniquilado de un plumazo tu derecho a reivindicar un respeto a tu dignidad. La única solución ante esto es no aceptar lo que hay antes de tirarte de cabeza al pozo de los problemas. Pero si ya lo has hecho, coge el toro por los cuernos y dile que su advertencia no le exime de toda responsabilidad con respecto a cualquier asunto y que, independientemente de su situación, te mereces que te trate en condiciones. Y si no, le cierras la puerta en las narices con un cariñosísimo «Lo que hay es lo que hay, un besito».

Es mono

¿Qué quiere decir exactamente una mujer cuando dice de ti que eres «mono»? El otro día le preguntó un amigo mío a una chica que me mola qué le parecía yo y fue eso lo que contestó. ¿Eso significa que tengo posibilidades o no?

En principio, no parece que le hayas entusiasmado. Supongo que por delicadeza no le dijo a tu amigo que no te tocaría ni con un puntero láser desde otra galaxia, pero mono no es un adjetivo que le atribuyas a alguien que te pone cachonda. Podemos decir está bueno, buenísimo, es atractivo, es muy atractivo, me lo follaba hasta en inglés. Pero mono, no, definitivamente; en todo caso podrías ejercer de pagafantas. *Sorry.*

No eres tú, soy yo

El otro día mi pareja me dijo que quería dejarlo y me soltó el típico «No eres tú, soy yo» que yo, honestamente, no comprendo. ¿Me está dorando la píldora?

Esta respuesta es perfectamente unisex porque todos en determinado momento de nuestras vidas hemos caído en la ruindad de esta mentira piadosa que se basa en la conmiseración hacia la persona que está más pillada y se va a quedar en la estacada.

No eres tú, soy yo, que: a) tengo buen gusto, b) me estoy liando con otro, c) no te tocaría ni con un palo de ciego... en definitiva, que no me pones nada pero voy a tener un poco de conmiseración y no me voy a sincerar para no hundirte la autoestima para siempre.

No, tranquilo, no hace falta que me acompañes

Voy todo liado con el trabajo y un máster que estoy haciendo. El otro día me dijo mi novia que tenía que ir

al médico y le pregunté si era algo grave y me aseguró que no, que solo era una revisión rutinaria. Me ofrecí a acompañarla pero me convenció de que no hacía falta. Pero luego, cuando llegué a casa por la noche, me reprochó que no hubiera insistido para ir con ella, ¿en qué quedamos, joder, cómo se acierta con estas mujeres?

Es muy relevante escuchar el tono de voz con el que la mujer dice esas frases. Si es relajado, con un beso y despreocupadamente, se va sola de buen grado. Si hay cierto retintín, como resquemor, como fastidio y desaire, fíjate en sus gestos, es que debes sacar las llaves del coche de inmediato y entrar hasta la consulta o dondequiera que vaya. Odiamos pedir favores, odiamos sentirnos necesitadas, pero nos encanta la protección y el cuidado, y a nosotras mismas nos cuesta lidiar con esa disquisición, no te sientas raro. Observa más que escuchar literalmente.

Te mereces algo mejor

Hace tiempo que voy detrás de un compañero de la Universidad y el otro día, en una fiesta del Campus, me declaré porque no podía soportar más la incertidumbre. Y él me soltó que me merezco algo mejor, que él es muy poco para mí, que yo podría aspirar a algo más. ¿No se supone que eso lo tendría que decidir yo? ¿Me está tomando el pelo?

Ante esta vulgar excusa, también unisex, para no liarse contigo haciéndose el pobrecito o la poquita cosa, la única respuesta posible es: «Ya soy mayorcit@ para decidir yo lo que me merezco y he tenido la desgracia de que crea que es alguien tan miserable como tú, mientras que tú has tenido la gran suerte de que yo, con mi criterio en el orto, te haya elegido a ti como objeto de mi deseo. Pero ahora que lo dices, sí, me merezco una persona con coraje para decir la verdad. Gracias.» Das media vuelta y te largas con tu dignidad a otra parte.

Da igual, déjalo

Ay, por favor, que alguien me explique qué quiere decir mi chica cuando después de discutir me sale con lo de «da igual, déjalo». ¿Es mejor dejarlo estar para no acabar peleándonos o tengo que hacer algo para que se le pase?

Bueno, literalmente eso se traduce como que está hastiada «porque por más que le demos vueltas, voy a seguir igual de cabreada, no me convencen tus argumentos y, si sigues en tus trece y no reconoces que tengo razón y pides perdón, es absurdo seguir con esta discusión. Pero hoy no follas ni de broma».

Ya casi estoy

¿Por qué no puede afinar un poco ninguna mujer con el tiempo aproximado que le queda para estar lista? Yo me cabreo muchísimo porque podría aprovechar para estudiar, o para ver una película, en ocasiones *Lo que el viento se llevó* se quedaría corta, pero como me va diciendo cada cinco minutos que ya casi está, yo me lo creo y me paso una hora tocándome las narices arreglado en la puerta.

A ver, antes de salir con un hombre, nosotras vivimos solas y nos pasamos horas probándonos modelitos para ver qué nos afina más, qué zapatos combinan mejor, con qué joyas, luego toca el maquillaje que pega con ese conjunto. El pelo, que tú no sabes lo que cuesta acicalarse esas melenas que tanto os ponen. NO es ducharse, vestirse y salir, como vosotros, aunque cada vez tardáis más, confesadlo. No, si queréis salir con nosotras como verdaderas diosas del Olimpo, ese es el precio a asumir.

Ahora bien, me parece mentira que te sigas fiando. Coges una copa de vino y te pones a leer las obras completas de Dickens, y cuando salga tu chica toda endiosada de la habitación, pones la marca y lo cierras tranquilamente, le das el último sorbo al vino, y la alabas sin desmontarle el peinado ni el maquillaje, para que no tenga que empezar todo el proceso otra vez. El premio por tu paciencia te lo llevarás cuando regreséis, tranquilooooo, haz oooommmmm.

¡Pero dime la verdad, eh!

Por qué mi pareja me pide que sea sincero, pero cada vez que le digo la verdad, con respecto al tema que sea, sobre su peso, sobre sus amigas, sobre su hermana o sus compañeros de trabajo, acaba cabreada por mi opinión. ¿Se supone que debo ser sincero piadosamente?

Más o menos, sí. Digamos que te convendría revestir la verdad con una pátina de vaselina para que tus opiniones no raspen. Hay ciertos temas sobre los que queremos una verdad edulcorada, o una mentira que no se note demasiado, que nos permita seguir engañándonos hasta que nosotras mismas nos quitemos la venda de los ojos. Eso nos pasa mucho con la gente que queremos. NUNCA te metas con los seres más queridos de tu pareja. Los defenderá a capa y espada, al fin y al cabo tú eres el último que ha llegado a su vida. Normalmente, nosotras en lo más recóndito de nuestra conciencia ya sabemos la verdad, pero queremos taparla hasta que estemos preparadas para aceptarla. Así que, por más que te diga tu chica, no seas tú el Pepito Grillo que no quiere escuchar, porque saldrás trasquilado. Opina sinceramente sobre temas intrascendentes, que sabes que no le tocan emocionalmente, y déjala ser feliz en su inconsciencia.

Me recuerdas a mi padre

He conocido a una alumna de mi clase de la Universidad que me parece preciosa y, a la de un rato de hablar con ella sobre una duda de mi asignatura, le he soltado alguna indirecta y me ha soltado que le recordaba a su padre. ¿Eso es bueno o es malo?

Así en principio yo diría que para ella liarse con su padre sería como cometer incesto, lo cual no te pone en muy buen lugar. A menos que la chavala tenga problemas psicológicos que la aboquen a buscar un sustituto de papá porque aquel no le daba amor, o porque le dio mucho pero luego la abandonó, etc., no parece que tenga muchas ganas de estar con un hombre de la edad de su progenitor. Y me temo que no tiene un pelo de tonta y se ha percatado rápidamente de tus intenciones y te ha parado los pies con un golpe bajo a tu madurez. Estoy segura de que a muchas universitarias les atraerá el rol del profesor seductor, sigue probando, pero esta ya te ha desmontado el plan.

La dichosa *friend zone*

¿Me podéis explicar por favor qué es eso de la *friend zone* que tanto mencionan mis amigas y al que parecemos ir a parar todos los que no encajamos en sus cánones estéticos?

Sí, claro, la *friend zone* es como una habitación con globos y camas y almohadas de plumas en las que las chicas y todos aquellos a los que os dicen «te quiero como amigo» podéis jugar a hacer fiestas de pijamas sin ningún riesgo de embarazo. Los pagafantas traen los refrescos, los intelectuales aportan los apuntes, los amiguitos gays pinchan la música, los feíllos llegan con el Scrabble y los gorditos compran las chucherías. Y ellas os regalan con su presencia y con su confianza total en que sois superamigos de la muerte y con vosotros nunca nunca habrá ningún problema ni conflicto porque no hay interés sexual. Aunque sepan que la mayoría cederíais un testículo por acostaros con ellas.

La pérdida de la agenda

Es la sexta vez que le escribo a una mujer y me pregunta quién soy porque ha perdido todos los números del teléfono. ¿O ella es una inútil o me está mintiendo como una bellaca?

Existimos personas así, en serio. Personas desastrosas que rompemos, mojamos, perdemos móviles, los abrimos y nos cargamos el sistema operativo. Sí, puede que sea verdad. Tienes que analizar si cuando retomáis el contacto se explaya contigo o te da largas y te contesta con monosílabos o con emoticonos, sin promover la conversación ni una cita para hablar en persona y reencontraros. Si no es así, probablemente haya borrado tu número cada una de las seis veces, y habrá una séptima.

Cómo recuperar a una pareja sin perder la dignidad

Mi novia me ha dejado pero sigo enamorado y quiero recuperarla, reconozco que me comporté como un imbécil en los últimos tiempos que estuvimos juntos, sin prestarle mucha atención, y me gustaría demostrarle que merezco otra oportunidad, que si lo intentamos seré la pareja que se merece. ¿Qué me recomiendas?

Bien, como para estos supuestos ambos géneros somos igual de ridículos, vamos a dar unos consejos básicos que sirven para todos:

—No pasees por su calle haciéndote el/la encontra-dizo/a.

—No la llames o le mandes un mensaje y luego digas que era para otra persona.

—No interrogues a sus amistades.

—No le llames de madrugada y le asegures que nadie la querrá como tú le quieres.

—No te vuelvas a acostar con él/ella.

—No intentes darle celos con otro/a.

—No dejes mensajes cifrados en Facebook para que pille las indirectas.

—No te hagas el feliz ni la víctima, una actitud nor-mal, elegante.

—No le implores volver, por Dios.

—Déjale libre, si vuelve es que era para ti; si no, ya vendrá la siguiente: siempre hay una siguiente.

Epílogo

Diccionario apresurado
para relaciones inmediatas

No te merezco: eres buena tía (buen tío), pero me merezco una que esté más maciza (más macizo).

Te quiero como amigo/a: lo siento, pero no me pones nada.

No te quiero perder como amigo: que no, que no me pones.

No te quiero perder como amiga: pero si quieres follar, que le den por saco a la amistad, está sobrevalorada.

Haz lo que quieras: pero más te vale querer lo que yo quiero.

No me pasa nada: alerta roja, explosión inminente.

Tú sabrás: ¿cómo es posible que no me entiendas?

¿Estás muy liado?: Te necesito.

¿Y de qué os conocéis?: ¿Habéis follado?

¿Eso te vas a poner? (ella a él): quítate eso, te queda fatal.

¿Eso te vas a poner? (él a ella): ¿No tienes algo que enseñe menos carne?

Deberíamos repetirlo algún día: Me encantas, ¿quieres salir conmigo?

He conocido a alguien: me estoy zumbando a otro/a.

Tenemos que hablar: Game Over.

Busco a un hombre que me haga reír: Pero más te vale empotrarme en condiciones.

Lo importante es el regalo: Cómo no me regales algo que demuestre que me conoces bien, es que no me quieres.

¿Sabes dar masajes?: Estoy deseando quitarme la ropa para ti.

Qué simpática tu amiga: ¿Podemos hacer un trío, por favor?

Estoy con alguien: Antes me hago hermafrodita que liarme contigo.

Hoy es noche de chicas: Nos vamos a poner el disfraz de amazonas y a cazar a machete.

Este finde estoy solo/a: Vente que no vas a ver la luz del sol hasta el lunes.

Has cambiado: Me gustabas más antes y me estoy pensando cortar.

Nunca había sentido nada igual: Es mentira, pero quiero que te sientas especial.

No soy celoso/a, pero...: Tengo celos hasta del aire.

Contigo puedo ser yo mismo/a: Y me quiero casar contigo, pero igual es demasiado pronto.

Es la primera vez que hago esto: O sea, cada dos por tres, pero quiero hacerte sentir único.

Necesito un cambio: Ahí te quedas, que te diviertas.

Muchos darían lo que fuera por estar conmigo: Ya no sé qué hacer para hacerme valer.

Me gustan los hombres con iniciativa: Busco un empotrador de alto nivel.

No es para tanto: Esta me la apunto.

¿Podemos tomárnoslo con calma?: Todavía no tengo claro si quiero estar contigo o esperar a ver si encuentro algo mejor.

Necesito tiempo: Déjame en paz una temporada para averiguar si te echo de menos o vivo mejor sin ti.

Mi prioridad es mi trabajo: Si quieres un polvo ocasional, estupendo, pero no te quedas a dormir.

Me encantan las mujeres independientes: Odio que me llames cada dos por tres para contarme chorradas.

Es muy difícil de explicar: Ella me dejó y aún no lo he superado.

Hace tiempo que no sales con tus amigas: Dame una noche libre que me he comprado un juego nuevo para la Play.

No busco una relación: quiero un polvo fácil y largarme antes de aprenderme tu nombre.

No estoy pensando en nada: ¿Me quieres dejar respirar en paz? Disfruta del silencio, joder.

La despedida de soltero es un club de tetas, pero te prometo que voy por los chicos: ¡Fiestaaaaaaa!

Me cuesta mucho abrirme: Vamos al catre que el rollito torturado os encanta.

¿Ya?: ¿En serio? ¿Es broma, no?